AF453021

VERS
LA MONNAIE SAINE

BERNARD de LONGEVIALLE

Docteur en Droit

Diplômé de l'Ecole des Sciences Politiques

VERS
LA MONNAIE SAINE

Des essais de stabilisation monétaire
par le retour à la convertibilité-or.

PARIS

Librairie Arthur ROUSSEAU

ROUSSEAU & CIE, Editeurs

11, RUE SOUFFLOT, ET RUE TOULLIER, 13

1927

*« Parmi les causes de l'abaissement
des Nations, l'une des plus importantes,
mais que seules quelques personnes
comprennent, c'est la dépréciation de
la monnaie.*

*Sans violence, et par des routes ca-
chées, elle conduit un royaume à sa
perte ».*

COPERNIC.

INTRODUCTION

De la dernière guerre européenne, on a dit justement qu'elle avait été *totale*, voulant signifier par là qu'elle embrassait, bien au-delà du domaine militaire, toutes les forces des nations belligérantes. C'est ainsi que, plusieurs années après la cessation du conflit, les bouleversements économiques qui en sont résultés ont créé, dans le monde entier, des problèmes destinés à rester longtemps d'une douloureuse actualité. Au point de vue plus spécialement monétaire qui nous intéresse, l'après-guerre a vu surgir, en Europe, des difficultés ignorées du grand public, et renouveler, parmi les plus fortes nations du monde, des expériences qui paraissaient réservées désormais aux pays neufs des continents lointains.

Les économistes se sont vu ouvrir ainsi un champ d'expériences presque mondial. De la diversité des cas particuliers et des remèdes appliqués, on a voulu conclure à la faillite de la science économique. Mais, si les théoriciens ne pouvaient prévoir le chaos actuel, du moins ne s'y trouve-t-il rien qui contredise leur enseignement. Bien plus, toutes les expériences d'après-guerre vérifient le principe fondamental qu'il n'est point de monnaie saine qui ne soit rattachée à l'étalon d'or. Cette « relique barbare », à laquelle s'est attaqué le polémiste anglais J. M. Keynes, reste l'axe de toute circulation monétaire, la seule mesure internationale de la valeur. L'inflation monétaire, pratiquée sur une échelle jusqu'alors inconnue, a bouleversé et ruiné les nations les plus prospères, produisant parfois au maximum ses conséquences désastreuses. Contre l'instabilité générale qu'elle a engendrée, instabilité traduite en de nombreux pays par une course erratique du change national, le remède est uniformément cherché dans le rétablissement de la convertibilité-or.

Ce rattachement d'un papier monnaie au métal n'est pas un problème nouveau. Les dernières années du XIX° siècle avaient déjà vu plusieurs réformes de ce genre. L'intérêt en déborde les frontières, et l'on y peut trouver un enseignement pour la période actuelle. Mais, si l'histoire se renouvelle, l'interprétation en est délicate. Le but ici cherché est précisément de passer en revue les expériences récentes, et, parmi des causes et des effets spéciaux à un milieu et à une époque donnés, de dégager, pour chacune d'elles, l'enseignement général qu'elle comporte. C'est ainsi que l'on s'arrêtera moins au mécanisme technique d'une réforme particulière, qu'aux directives générales qui l'ont commandée, ces directives restant parfois identiques à travers des procédés différents (1). Lorsque le recul du temps le permettra, l'examen des répercussions économiques et financières de ces me-

____

(1) Ce plan exclut par lui-même l'étude détaillée des douze réformes envisagées au cours de cet essai. Chacune de ces études formerait la matière d'un long travail, souvent abordé déjà dans des ouvrages spéciaux. L'auteur n'a cherché, ici, ¡u'à faire ressortir les traits communs des récentes expériences monétaires dont le groupement et la comparaison présentent tout l'intérêt qu'il souhaite de faire ressortir et partager.

sures offrira également l'enseignement des principales fautes à éviter. Car il importe peu de restaurer une devise monétaire si l'on tue la prospérité du pays.

Toutes les nations, ayant rétabli avec succès leur monnaie sur une base métallique, ont dû entreprendre, au préalable, d'importantes réformes intérieures : l'action gouvernementale s'est exercée dans le domaine des finances publiques comme sur l'économie privée. De l'étude comparée des réformes contemporaines, se dégage, en quelque sorte, la synthèse du retour à la convertibilité-or. Sans prétendre aucunement en tirer, pour la France, un plan de restauration monétaire, cet exposé voudrait mettre en lumière les conditions essentielles du rétablissement d'un franc or. Les instruments de cette réforme se sont révélés ailleurs d'un maniement dangereux : leur emploi n'a pas été non plus sans provoquer de graves difficultés. Un pays serait impardonnable qui, dans ces conditions, ne ferait pas son profit des précieux exemples fournis par l'étranger (1).

------

(1) L'exposé qui suit des récentes réformes monétaires est divisé en deux groupes : réformes d'avant-guerre et réformes d'après-guerre. Pour l'intelligence de cette étude, il convient de placer chaque expérience dans son cadre : avant-guerre, situation mondiale saine, les gold points fonctionnent entre la plupart des pays ; après guerre, situation mondiale bouleversée, la plupart des changes mondiaux sont devenus anormaux, les gold points ne fonctionnent que rarement.

Réformes monétaires d'avant-guerre.

CHAPITRE PREMIER

La Réforme Monétaire aux Indes

Sur la fin du XIXe siècle, les Indes, pays à étalon traditionnel d'argent, souffrirent gravement de la baisse des cours de ce métal. Lorsque, vers 1873, les pays de l'Union latine en supprimèrent la frappe libre, la chute s'accentua, et la cote de la roupie, se réglant exactement sur la valeur commerciale du métal blanc, tomba de 2 schillings en 1873, à 16 pences en 1890. Le Gouvernement hindou, qui avait à verser à la Métropole une redevance annuelle de 15 millions sterling, en voyait la charge alourdie chaque année ; cette situation devenait menaçante pour le Trésor et nuisait gravement à la prospérité de la péninsule. Il était urgent d'y remédier.

Dès 1890, des tendances favorables à l'adoption du monométallisme-or se firent jour dans les milieux politiques de la péninsule (1). A Londres, une Commission

---

(1) La législation monétaire de l'Inde était alors codifiée dans un Act du 6 Septembre 1870 « The Indian Coinage Act 1870 ». — Cette loi établissait le monométallisme-argent: seules, les roupies et demi-roupies avaient cours légal illimité : elles étaient de beaucoup les plus répandues. La circulation effective comportait également des pièces d'or, le *mohur*, avec

royale, présidée par Lord Herschell, fut saisie en 1892 de ces revendications, et ses travaux, approuvés par le Gouvernement hindou, aboutirent à l'Act du 26 juin 1893, qui ferma l'Hôtel des Monnaies de Bombay à la frappe libre de l'argent, et fixa à 16 d. la valeur de la roupie. Ce cours correspondait à la moyenne du change pendant les cinq années précédentes. De plus, les souverains et demi-souverains britanniques seraient reçus par le Trésor au même taux de change, soit au cours de 15 et 7 $\frac{1}{2}$ roupies.

Les commerçants étrangers, qui avaient à régler des achats aux Indes, n'eurent plus ainsi la faculté de se procurer, à des cours toujours en baisse, du métal argent qu'ils envoyaient à la frappe ; ils n'avaient plus que la ressource de se libérer en lingots ou pièces d'or, en échange desquels il leur était livré un montant fixe de roupies. Le gold point d'entrée fonctionnait donc, supprimant toute hausse possible de la monnaie indigène, consécutive à la suppression de la frappe libre. La Commission Herschell craignait qu'à défaut de ces mesures, la monnaie nationale d'argent n'acquière un pouvoir d'achat supérieur à la parité fixée de 16 d., et que la baisse qui s'en suivrait des prix des produits indigènes n'amenât un certain mécontentement dans la population. Mais l'obligation pour la Monnaie de Bombay se limi-

---

ses multiples et sous-multiples. Le mohur, sorte de monnaie commerciale, valait alors 15 roupies. La frappe libre de l'or et de l'argent était admise. Le pays se trouvait ainsi sous un régime bimétalliste de fait, où seules les monnaies d'argent avaient cours légal illimité.

La frappe libre des deux métaux fut supprimée en 1893. Celle du mohur était suspendue en fait depuis 1891 ; cette monnaie tomba peu à peu en désuétude : il n'en est pas fait mention dans la Loi monétaire de 1906.

tait légalement à l'acceptation et au remboursement en
roupies des pièces ou lingots d'or : elle n'était pas tenue
encore de fournir de l'or en échange des « devises-ar-
gent ». Il restait ainsi à éviter la baisse de la roupie,
en attendant qu'on puisse en instituer légalement le
change contre l'or, au même taux ; le Gouvernement de
l'Inde s'asbtint dans ce but de toute frappe nouvelle, re-
fusant d'accéder aux sollicitations pressantes du commerce. Politique un peu sévère peut-être (1), qui condui-
sit à la cherté de l'argent, comme le reflète le taux de
l'escompte, jusqu'alors le même qu'en Europe, et qui
monta fortement jusqu'à 12 et 13 %.

Quoi qu'il en soit, dès 1893, on put observer une dissociation très nette des cours du métal et de la monnaie.
L'argent continua de perdre de sa valeur, tandis qu'a-
près quelques oscillations, une fois le système mis en
vigueur, la roupie fut stabilisée. Les Indes bénéficièrent
fort heureusement d'une suite de balances favorables, et
les versements à recevoir surpassèrent les paiements à
effectuer. Le mécanisme des règlements était le suivant:
à Londres, le Gouvernement métropolitain, pour se couvrir des dépenses faites dans la colonie, et des paiements
qu'il devait en recevoir, émettait sur elle des traites. — « India Council Bills ». — vendues par voie d'adju-
dication. Ces traites étaient ensuite présentées au Trésor indien, pour le paiement des achats effectués dans
la colonie. La vente des « India Council Bills », dont le
prix moyen avait été de 13, 10 d. au plus bas, en 1894-
1895 (2), regagna progressivement le change de 16 d.

---

(1) En ce sens v. NOGARO : La Monnaie et les Phénomènes
Monétaires contemporains (*Paris* 1924), p. 52.

(2) L'exercice financier s'étend du 1er avril au 31 mars.

en 1898, pour ne plus s'en écarter que dans la limite des gold points (15 29/32 à 16 1/8 d.). En outre, des versements d'or furent effectués directement à la Monnaie de Bombay qui put ainsi constituer un stock métallique s'élevant en 1898 à 2.370.000 livres sterling. La vente des « India Council Bills » ne suffisait plus en effet à assurer tous les règlements des importateurs anglais. Pour parer à cette insuffisance, une notification du Gouvernement général, en date du 21 janvier 1898, décida la création, à la Banque d'Angleterre, d'un compte spécial fonctionnant déjà aux Indes, le « Paper Currency Reserves », où l'or serait accepté en échange de billets « Currency-notes » en roupies émis en conformité de la parité établie. En outre, des transferts télégraphiques sur Madras, Bombay et Calcutta furent mis en vente temporairement au Secrétariat d'Etat pour l'Inde, au taux de 1 sh. 4 5/32 par roupie.

Ces mesures permirent d'accroître considérablement la réserve d'or du Trésor hindou : au 31 mars 1900, elle s'élevait à plus de 9 $\frac{1}{2}$ millions sterling, dont 1.500.000 à la Banque d'Angleterre.

Cependant, le Gouvernement de l'Inde n'abandonnait pas son idée première de la substitution de l'or à la monnaie nationale d'argent. Mais les Conseils financiers de la Métropole, frappés de l'excellence d'un système qu'ils avaient à l'origine considéré eux-mêmes comme temporaire, ne voulurent pas faire ce dernier pas. L'Act de 1893 fut amélioré par celui du 15 septembre 1899, qui donnait partiellement satisfaction aux désirs de la colonie. La frappe libre de l'or ne fut pas établie, mais les souverains et demi-souverains britanniques reçurent cours légal illimité à raison de 15 et 7 $\frac{1}{2}$ roupies. La roupie et la demi-roupie conservaient leur pouvoir libératoire illimité, sans frappe libre, comme auparavant; il fut décidé cependant que la frappe reprendrait pour le compte du Gouvernement, selon les besoins du commerce. Il en fut ainsi mis en circulation chaque année pour des sommes importantes, à partir de 1900, sans que le change en souffrît. Cette dualité roupie-souverain rappelait d'assez près le système alors en vigueur en France. Il s'en distinguait en ce que la monnaie fiduciaire française était de papier, alors qu'aux Indes elle était d'argent (1).

La réforme amorcée, en 1893, avec l'établissement d'un gold point d'entrée, fut ainsi complétée, en 1899, par la mise à la disposition du commerce de pièces d'or pour les règlements à l'étranger (tant que le stock de métal ne serait pas inférieur à 5 millions sterling) : le gold point de sortie pouvait donc fonctionner à son tour. La roupie était stabilisée par rapport à l'or, et son cours ne s'écarta plus, jusqu'à la guerre, du change fixé, malgré l'accroissement de la circulation fiduciaire, et en dépit d'une grave crise économique en 1907-1908, et d'une balance fortement déficitaire en 1914.

Ce système monétaire, comportant d'une part une circulation intérieure totalement (billet de banque), ou partiellement (roupie évaluée au-dessus du cours du métal argent), fiduciaire, et comportant d'autre part, l'étalon d'or pour les règlements à l'extérieur, fut appelé

____

(1) On a souvent démontré l'infériorité sur ce point du système indien : la monnaie fiduciaire d'argent, ayant une valeur commerciale intrinsèque, pouvait subir d'importantes modifications de valeur, ainsi qu'on l'a vu au cours de la dernière guerre. L'édifice monétaire indien en fut gravement ébranlé et l'on dut modifier la parité or de la roupie.

par les Américains le « Gold Exchange Standard System ». La première application en fut faite aux Indes : le succès indéniable qu'elle rencontra alors lui valut plusieurs imitations heureuses, et une faveur croissante auprès des milieux écomiques.

La législation monétaire de l'Inde, qui reposait sur plusieurs lois, fut codifiée dans l'Act fondamental du 2 mars 1906. La crise de 1907-1908 faillit compromettre un équilibre encore fragile ; la vente des *India Council Bills* dut être suspendue à plusieurs reprises, et la réserve d'or (*Gold Standard Réserve*) fut fortement entamée pour soutenir la « bataille du change » (1). Le Gouvernement résolut d'être plus prudent, et de consacrer tous ses efforts à renforcer sa réserve métallique, jusqu'à ce qu'elle atteigne le chiffre minimum de 25 millions sterling. A la veille de la guerre, la monnaie indienne avait retrouvé toute sa solidité et il fallut le bouleversement économique mondial des années 1914 et suivantes, pour rompre la stabilité de la roupie, en même temps que celle des monnaies de la plupart des autres pays.

Le Gold Exchange Standard indien fut alors gravement troublé et finalement renversé par la hausse subite et imprévue des cours du métal argent, hausse qui rompit la stabilité du change. La cote moyenne du métal à Londres qui était de 25 d. 5/16 l'once standard, en 1914, passa à 31 5/16 en 1916, et à 47 1/2 en 1918. La roupie acquit alors une valeur marchande supérieure au taux légal de 16 d., et le phénomène connu sous le nom

______

(1) Le stock d'or tomba de 24 millions sterling à 9 ½. En outre, toute la circulation intérieure d'or avait disparu.

de Loi de Gresham apparut : l'or se répandit dans la péninsule, chassant la monnaie d'argent qui était fondue ou exportée par les particuliers, pour sa valeur commerciale. Le Trésor de l'Inde, tenu légalement d'échanger l'or contre des roupies au taux fixé, s'épuisait à jeter dans la circulation des stocks de métal blanc acquis dans des conditions de plus en plus onéreuses, et vendus à perte. Pour comble d'infortune, en 1919, le change anglais fléchit par rapport au dollar, seule monnaie d'or, et la hausse de la roupie par rapport à l'or se doublait de la prime de l'or sur le papier anglais (*currency-notes*).

Le Gouvernement, ne pouvant continuer la lutte, décida de consacrer la hausse de l'argent, en fixant, le 23 Juin 1920, un nouveau cours légal de la roupie : sa valeur était portée à 2 sh. or. On revenait ainsi à la parité en vigueur en 1873.

Mais aussitôt après l'adoption de ce nouveau cours légal, les tendances du marché se retournèrent. A la période de hausse du métal, succéda une baisse brutale, le cours de l'argent tombant, en un an, de 89 d. $\frac{1}{2}$ au plus haut, à 30 d. environ. En même temps la balance commerciale, régulièrement favorable à l'Inde, devint fortement déficitaire en 1920-21 (l'excédent des importations se chiffrait par 453 millions de roupies). En dépit des efforts du Gouvernement, la nouvelle parité ne put être défendue, et, en Septembre 1920, le soutien officiel cessa. L'obligation, pour la Monnaie des Indes, de fournir des roupies contre l'or fut alors suspendue, et le change varie depuis cette époque en fonction des cours du métal argent et des soldes de la balance des comptes (1).

Telle est ce qu'on a appelé « l'histoire dramatique et ironique de la roupie » (2). Doit-on y voir une condamnation, par les faits, du système de l'étalon or de change? Il semble que non. Cet échec est dû plutôt à un vice de fonctionnement particulier à l'expérience indienne. Il est admis, en effet, que le Gold Exchange Standard doit comporter une circulation intérieure purement fiduciaire, et non une monnaie métallique d'argent, pouvant présenter dans des cas exceptionnels, une hausse de valeur commerciale susceptible de renverser la parité établie.

Cette réserve faite, l'expérience indienne montre que l'on peut stabiliser par rapport à l'or, étalon international, une monnaie fiduciaire, en appliquant les trois règles suivantes :

1° Supprimer toute émission désordonnée de monnaie fiduciaire. L'émission doit en être réglée sur les besoins du commerce, à l'exclusion de tous autres.

2° Etablir une parité fixe entre la monnaie en circulation à l'intérieur du pays et l'or: ce cours sera celui auquel seront reçues les remises en or de l'étranger (gold point d'entrée).

3° Constituer d'une façon quelconque (emprunts à l'étranger, suite de balances actives), un stock d'or suffisant pour pouvoir céder au même taux fixé des espèces

---

(1) Le change de la roupie tombé à 15 d. en Juin 1921, s'est un peu amélioré par la suite. Au 30 Juin 1926, le change sur Londres s'établissait à 17 d. 7/8.
(2) Indian Exchange and Trade. *Economist*, 8 juillet 1922.

ou des traites pour le règlement d'une balance des comptes débitrice (gold point de sortie).

Ainsi compris et prudemment appliqué, le Gold Exchange Standard paraît appelé à rendre encore de nombreux services, et son échec final aux Indes, après vingt années de succès remarquable, aura permis de mettre mieux en lumière les conditions essentielles de son heureux fonctionnement.

République Argentine

L'histoire monétaire de la République Argentine, au cours du XIXe siècle, est marquée par des troubles profonds, inhérents à un système où l'unité nationale de la valeur était le plus souvent représentée par un billet de banque inconvertible. La circulation actuelle est basée sur la Loi monétaire N° 1130 du 5 Novembre 1881, qui a créé pour étalon national la piastre-or, «peso-oro », pesant 1,6129 grammes d'or fin au titre de 9/10 (1). Dès le début, il fut impossible de mettre ces pièces en circulation. Après une courte apparition du système métallique, de 1883 à 1885, le billet argentin devint à nouveau inconvertible, et le désordre monétaire empira. En 1890, la chute de la piastre, s'accentuant, provoqua une véritable catastrophe monétaire. Les besoins croissants du Gouvernement firent accélérer le rythme de

(1) Ce poids correspond au change de 4 piastres-or pour 20 francs-or.

l'inflation ; le total des billets inconvertibles qui était de 58,9 millions de piastres en 1885, passa à 245,1 en 1890, et en avril de cette année le change tomba à 315 piastres-papier pour 100 piastres-or. Le mouvement alla en empirant jusqu'en 1891, point culminant de la crise. Les banques officielles et plusieurs banques privées durent alors fermer leurs portes. Des troubles éclatèrent. En avril 1891, la prime de l'or fit au plus haut 346 0/0.

Les présidences successives affirmèrent leur intention de revaloriser la monnaie nationale, mais, faute d'énergie ou de connaissances techniques suffisantes, leurs efforts restèrent sans succès. C'est ainsi que dès 1890, en pleine crise, avait été créée la Caisse de conversion qui, neuf ans plus tard, devait prendre une telle importance dans le relèvement financier et économique de la République Argentine. Mais, à l'origine, ses attributions étaient fort vagues; elle devait procéder à l'amortissement progressif de la circulation fiduciaire, surveiller les opérations d'émission, préparer la conversion future des billets en circulation, veiller à l'observation des lois monétaires. Dès l'origine, elle se heurta à une impossibilité absolue: il ne pouvait être question d'amortir les billets en pleine période d'inflation. Aussi la Caisse traîna-t-elle une existence parfaitement inoffensive et ignorée, jusqu'en 1899.

A cette date, la situation s'était complètement retournée. Avec l'ordre rétabli dans le pays, était apparue une ère de prospérité économique remarquable, qui ne pouvait qu'avoir une heureuse influence sur le cours du change. Dans ce pays, essentiellement agricole, plusieurs belles récoltes permirent un gros effort d'exportation des céréales, et l'afflux des devises étrangères provoqua le relèvement progressif du cours de la piastre argentine. La prime de l'or ne cessa de décroître depuis 1895; elle était de 274 % en 1897, 156 0/0 en 1898, et descendait à 124 0/0 en 1899. Cette hausse de la valeur or du billet s'accompagnait, en outre, d'une légère déflation annuelle depuis 1893.

La revalorisation de la piastre ne fut pas sans amener les restrictions habituelles. Le dommage fut moindre cependant dans ce cas particulier, car il se produisit, dans le même temps, une hausse des prix, neutralisant en partie les effets de la hausse de la piastre. Cependant, en 1899, on pouvait observer le ralentissement croissant des affaires qu'expliquait ainsi le Ministre des Finances: « Les oscillations du change ne font pas varier les prix du coût de la production, tandis qu'elles influent directement sur le prix des produits exportés ».

L'opinion publique, ainsi saisie du problème, se partagea entre deux groupes : les uns prônant la revalorisation à tout prix de la piastre, jusqu'à sa parité or, les autres, et plus spécialement les agriculteurs, commerçants et industriels, tenant au contraire pour une politique de stabilisation de la devise nationale, condition nécessaire de la reprise des affaires. Le Gouvernement donna satisfaction à ces derniers avec la Loi N° 3871 du 4 Novembre 1899. Cette loi, œuvre vraiment sérieuse et scientifique, présentée au Congrès par l'ex-ministre des Finances. M. José-Marie Rosa, établissait tout un plan de réformes, et fixait tout d'abord un rapport fixe entre la piastre, monnaie légale actuelle, et la piastre, monnaie nationale d'or frappé, au taux de 44 centièmes ou *centavos* de piastre-or pour une piastrepapier ; ce rapport équivalait au change de 227.27 piastres-papier pour 100 piastres-or. Cette première mesure tendait à consolider l'état de choses existant, et à supprimer l'agio, en donnant au change argentin la stabilité monétaire basée sur l'or. L'article 2 portait que le pouvoir exécutif ferait connaître ultérieurement, et trois mois à l'avance, la date et les modalités de la conversion ainsi arrêtée. L'article 3 décidait la formation progressive du « fonds de conversion » selon des modalités développées dans les articles 4. 5 et 6. Mais la mesure capitale était décidée par l'article 7, visant la création immédiate, à la Caisse de conversion, d'un bureau de change, où. tant que ne serait pas édicté le décret de l'article 2, le public pourrait verser de l'or contre des piastres-papier et inversement, au taux fixé, soit 227 piastres-papier pour 100 piastres-or. Ce bureau avait mission d'émettre des billets contre l'or déposé à ses guichets, et devait fonctionner ainsi comme un régulateur automatique de la circulation. celle-ci augmentant ou diminuant selon la quantité d'or déposée en échange.

C'est à partir de cette date que la Caisse de conversion, jusqu'alors simple rouage administratif, commença vraiment à jouer un rôle. Il est à remarquer qu'elle ne pouvait cependant intervenir utilement que dans un sens opposé à la hausse de la piastre. grâce à sa faculté d'émission : mais elle ne pouvait rien contre la baisse. faute d'un stock d'or suffisant (1). D'autre part, les billets qu'elle émettait contre l'or ne se distinguaient pas de ceux précédemment mis en circulation ;

______

(1) La circulation fiduciaire, au moment où fut édictée la Loi de conversion, s'élevait à 295,16 millions de piastres-papier.

la Caisse devait garantir contre la baisse toute la circulation fiduciaire de la République Argentine, devenue théoriquement convertible (1).

La nouvelle institution, heureusement favorisée par les circonstances, fonctionna bien dès le début. Sa première opération date du 9 Décembre 1899 : ce jour-là, la Caisse de conversion émit 227 piastres-papier, en échange de 100 piastres-or apportées par le public.

Après les piétinements des premières années, où les dépôts d'or ne présentaient qu'un léger excédent sur les retraits, la Caisse prit, à partir de 1902, un grand développement ; le pays connaissait alors une prospérité économique remarquable, à la suite de l'heureux accord intervenu avec le Chili, et qui éloignait toute crainte d'un conflit menaçant depuis plusieurs années. Les stocks d'or, et, comme conséquence, les émissions de papier, s'accrurent considérablement ; dès 1903, la Caisse était en mesure de parer au déficit éventuel de la balance des Comptes, et, par la suite, son stock d'or augmenta graduellement. Les statistiques révèlent une existence de 50 millions de piastres-or, dès 1904, de 102,7 millions au 31 Décembre 1906, tandis que la circulation totale atteignait alors 526.747.000 piatres ; sur ce montant, la Caisse avait émis depuis l'origine 233.479.000 piastres, contre dépôt d'or au taux légal de 227 %.

Par la suite, la Caisse eut à faire face à la grave crise économique de 1907-1908, qui prit naissance en Amérique du Nord, et eut une répercussion mondiale.

____

(1) La Caisse de conversion se distinguait ainsi de la Caisse de conversion du Brésil qui ne garantissait que les billets nouvellement émis par elle, créant ainsi une double circulation intérieure.

Mais l'institution était suffisamment solide, et, en dépit
des retraits importants qui se produisirent alors, la
Caisse put reprendre son essor, et le stock d'or accumulé
dans ses caves dépassait 222 millions de piastres en
1912, soit une garantie de près de 72 %. La République Argentine était ainsi parvenue à donner à sa
monnaie une valeur-or vraiment stable, basée sur un
stock métallique pouvant rivaliser avec celui des pays
ayant la circulation la mieux gagée.

La réforme avait donc pleinement réussi. On aurait pu, semble-t-il, envisager alors la reprise des paiements en or, annoncée dans l'article 1er de la Loi de
1899. De nombreux partisans firent campagne en ce
sens, mais il semble bien que, tout comme aux Indes,
le Gouvernement de la République Argentine fut frappé,
à l'usage, de l'excellence d'un système, d'abord considéré comme devant servir de transition. Le Gold Exchange Standard était appliqué aux Indes à la même
époque, et connaissait là un grand succès. La ressem-
blance entre les deux réformes est frappante (1) : de part
et d'autre, circulation intérieure non modifiée mais parfaitement stabilisée par rapport à l'or, grâce à la faculté de se procurer du métal à volonté pour les règlements extérieurs (2). Il ne semble pas qu'il y ait eu alors
en Argentine un intérêt supérieur à faire circuler l'or
pour les règlements intérieurs, le billet convertible étant

---

(1) M. Subercaseaux ne croit pas qu'il faille cependant voir
dans la réforme argentine de 1899, une imitation de la politique monétaire inaugurée en 1893 par le Gouvernement indien. Celle-ci était encore peu connue. V. Subercaseaux, op.
cit., p. 392.

(2) Aux Indes, l'Hôtel des Monnaies n'était pas légalement
tenu de fournir de l'or en échange de roupies, mais l'initiative en fut prise de suite.

admis par toute la population qui y était habituée, et présentant par lui-même de nombreux avantages sur la circulation métallique. Il est au contraire précieux pour un pays de réserver toutes ses disponibilités métalliques aux règlements extérieurs. Grâce à la convertibilité absolue du billet, sous ce régime, le change est pareillement stabilisé dans les limites des gold points d'entrée et de sortie, tout comme dans les pays à monnaie d'or.

Ce n'est point à dire que le système monétaire, inauguré en République Argentine par la Loi de 1899, doive être considéré comme parfait. Un reproche grave à lui faire serait son manque d'élasticité. En effet, le pouvoir d'émission étant attribué à la seule Caisse de conversion, les variations de la circulation étaient réglées, selon la théorie quantitative, en fonction de la demande ou de l'offre du métal par rapport au billet ; système par trop rigide, où la Caisse devient une simple machine à transformation de métal contre papier, et vice versa. Le crédit à l'intérieur du pays pouvait souffrir d'une politique aussi stricte ; c'est ainsi que, durant la crise de 1907-1908, les Etats-Unis drainant tout l'or qu'ils pouvaient trouver, la Caisse de conversion de Buenos-Aires dut fournir de grandes quantités de métal en diminuant proportionnellement la circulation ; le pays souffrit de cette contraction monétaire, qu'aurait pu éviter un système de banque d'émission sagement administrée, en collaboration avec la Caisse de conversion.

Quoi qu'il en soit, la réforme monétaire de 1899 donna à la République Argentine la stabilité monétaire à laquelle aspiraient ses promoteurs. La solidité du nouveau système paraissait établie en 1912 ; la circulation fiduciaire avait plus que doublé en dix ans, sans que le cours de la piastre en fut affecté. Le stock d'or accumulé, grâce à des circonstances exceptionnellement favorables, était dès lors suffisant pour garantir pleinement la valeur du billet argentin en période normale.

La tourmente économique des années 1914 et suivantes renversa cet équilibre. Dès le début du conflit, la plupart des pays mirent l'embargo sur leur or et drainèrent tout le métal disponible à l'étranger. La Caisse argentine dut livrer, en 1914, 34 millions ½ de pesos-or, et la circulation fut réduite proportionnellement de 79 millions de billets, sur un total d'environ 800 millions. La Caisse dut alors suspendre ses opérations de conversion, sous peine de voir compromettre sa réserve métallique : ce fut l'objet des Lois nᵒˢ 9481 et 9506 des 9 Août et 30 Septembre 1914. Ces lois, appelées Lois d'exception, sont toujours en vigueur. Les inconvénients de la rigidité du système d'émission apparaissant à nouveau, le Gouvernement voulut y remédier et autorisa la caisse à réescompter une partie du portefeuille commercial de la Banque Nationale. Par la suite, la Banque elle-même fut chargée de cette opération, et ainsi fut assoupli le système d'émission. En même temps, le transport par mer de l'or étant arrêté par les dangers de la guerre sous-marine, la légation de la République Argentine, à Londres, était autorisée à recevoir l'or dû à ses nationaux : la Caisse en délivrait la contre-partie à Buenos-Aires. Pendant toute la durée du conflit, en effet, et jusqu'en 1920, les besoins considérables des pays belligérants firent affluer les commandes en République Argentine. Une partie en fut réglée en or, mais le métal devenant fort rare, il fallut fournir en règlement du papier argentin qui connut alors une pé-

riode d'appréciation importante. Le peso, dont le pair
à Londres était de 47 d. 58, monta alors jusqu'à 73 d..
Par contre, à partir de 1921, la crise mondiale se réper-
cuta sur la balance commerciale du pays, qui enregistra
cette année un solde négatif de 78 millions de pesos-or.
Le change fléchit aussitôt, et tomba au-dessous du pair
à 45 d. au début de 1922, 43 au début de 1923.

En Décembre 1923, le change sur Londres s'établit à
38 d.. Puis, en 1924, la situation commerciale s'étant
améliorée, la piastre en six mois regagna de 75 à 95 % de
sa valeur-or : au 31 décembre, elle était cotée 46 1/6 d..
Après une nouvelle baisse en 1925, le change a pro-
gressé à nouveau: au 30 juin 1926, il était de 45 1/4 d..
Ainsi, ces fluctuations sont commandées à présent par
les mouvements de la balance des comptes, elle-même
fonction principalement des cours des céréales.

CHAPITRE III

— —

Brésil ([1])

—

La fin du XIXᵉ siècle vit naître au Brésil une période
de crise intense qui se développa principalement au
cours des années 1890. Le *milreis* brésilien, dont le pair
était de 27 d., tomba à 20 d. en 1890, et descendit jusqu'à 5 d., au plus bas, en 1898, année où la crise générale connut son maximum d'intensité.

La circulation monétaire était double : billets de
banque et billets du Trésor, tous inconvertibles. Des
émissions successives et fort importantes ne contribuè-
rent pas peu à leur dépréciation, accompagnée de ses
corollaires habituels de gonflement des prix et de la
spéculation. En 1890, "le délire, écrivait M. P. Calo-
géras, était tel que l'on ne savait quel nom donner aux
nouvelles Sociétés et l'on payait des primes pour toute
action nouvelle que l'on emettait". C'était déjà une ma-

____

(1) La réforme monétaire au Brésil présentant d'assez
grandes analogies avec celle de la République Argentine,
nous ne nous étendrons pas longuement sur ce sujet.

nifestation de cette "fuite devant la monnaie" dont l'après-guerre a transporté en Europe les tristes exemples. Phénomène essentiellement temporaire, et qui conduit à bref délai à la fin d'une prospérité économique absolument factice.

Au Brésil, la crise se manifesta d'abord par la chute des prix du café, produit national par excellence, autour duquel tourne toute la vie économique. De 1890 à 1898, les cours fléchirent d'une façon continue, en valeur -or, et aboutirent à une véritable débacle. Les ruines se multiplièrent, et le marché de Rio était absolument désemparé. Les affaires s'arrêtèrent : la banqueroute fiscale était complète.

Le Gouvernement s'efforça de réagir dès 1899. Une loi intervint cette année même, qui décida d'affecter une partie des ressources budgétaires à la constitution progressive d'un stock métallique devant garantir la circulation fiduciaire ; en même temps était décidé l'arrêt de l'inflation, et sa résorption par incinération des billets, selon les possibilités annuelles.

Le change commença alors un mouvement en sens inverse, et, dès 1901, le milreis avait recouvré 45 % de sa valeur-or. Mais cette revalorisation n'apporta aucun soulagement aux producteurs de café : une crise de mévente affectait le produit, crise due, partie à la surproduction, partie à la hausse du change provoquant la fermeture de plusieurs marchés extérieurs.

Pour remédier à cette situation, les Etats adoptèrent en 1906 (Convenio de Taubeté) un certain nombre de mesures parmi lesquelles des résolutions d'ordre monétaire. Il fut décidé de stabiliser la monnaie nationale, dont la hausse récente nuisait aux exportateurs brésiliens. Après de longues discussions, on choisit pour cette stabilisation, le taux de 15 d. qui correspondait à la moyenne des cours du milreis de 1881 à 1905. La loi fondamentale du 6 décembre 1906 sanctionna ce taux, en établissant une Caisse de conversion chargée d'émettre des billets contre remise d'or, sur la base de 1 milreis pour 16 d. A la différence de la Caisse argentine, seuls les billets nouveaux émis par la Caisse brésilienne seraient remboursables en or (1). Ainsi devaient circuler concurremment, deux catégories de billets : les uns inconvertibles (toute l'émission antérieure de billets de banque et du Trésor), les autres convertibles à un taux fixe de change (billets de la Caisse de conversion). Il était d'ailleurs spécifié que cette stabilisation était toute accidentelle, et ne préjugeait en rien du retour ultérieur à la parité-or du milreis, soit 27 d..

Cette Loi de 1906 donna dès le début de bons résultats dus essentiellement, tout comme aux Indes et en République Argentine, à des circonstances propices. Une suite de balances favorables permit à la Caisse de recevoir de l'or en échange duquel elle fournit de la monnaie locale. Ce facteur heureux se doublait d'un afflux de capitaux étrangers venus chercher un emploi dans ce pays encore neuf et qui restait à mettre en valeur.

A l'origine, pourtant, la Caisse de conversion brésilienne eut à subir le contrecoup de la crise financière de 1907-1908, dont le point de départ fut l'Amérique du Nord. L'institution, toute jeune encore, fut mise un

____

(1) Ainsi que le fait observer M. SUBERCASEAUX, cette différence est d'ailleurs de pure forme : la Caisse de conversion argentine à sa fondation, n'aurait pu s'opposer à la baisse des cours de la piastre, faute d'un stock d'or suffisant.

instant en péril, mais, ainsi qu'il ressort du tableau ci-dessous (1), la situation se rétablit dès 1909, avec le retour de la confiance.

ANNÉES	CIRCULATION INCONVERTIBLE (en milreis)	CAISSE DE CONVERSION (en milreis)		
		Dépôts en or contre billets	Dépôts de billets contre or	Solde en caisse
31 Décembre 1906	664.792.960	37.282.425	,,	37.282.425
31 Décembre 1907	643.531.727	63.796.935	1.037.593	100.041.768
31 Décembre 1908	634.682.852	493.686	11.139.101	89.396.353
31 Décembre 1909	628.452.732	141.737.842	5.850.421	225.283.774

Au cours de toute cette période, le change se maintint régulièrement à 15 d. jusqu'en 1910 où le taux de conversion fut élevé à 16 d., mesure sur laquelle nous aurons à revenir dans la deuxième partie de cette étude, et dont il semble bien que l'on puisse dire qu'elle est théoriquement condamnable. Quoi qu'il en soit, le change se stabilisa au nouveau taux légal, jusqu'au jour où les perturbations économiques de 1914 obligèrent la Caisse à suspendre ses remboursements. Le change brésilien, tombé alors à 10 5/8 d., se releva quelque peu, et s'établit à 12-13 en 1915-1916, à la suite de certaines mesures gouvernementales, et plus spécialement de la suspension du service de la dette. On tenta alors de rétablir la convertibilité des billets, mais le stock d'or diminua considérablement. Les réserves métalliques, qui étaient de 300.000 *contos* (2) fin 1910, et de 386.700 fin 1912,

_____

(1) Chiffres extraits de l'ouvrage déjà cité de M. SUBERCASEAUX p. 415.

(2) Le contos équivaut à mille milreis ou un million de reis.

étaient tombées à 61.500 *contos* en 1920, lorsque la Caisse fut fermée à nouveau.

Au 31 décembre 1924, le milreis cotait 6 d.. L'année 1925, plus favorable, fut marquée par la hausse de la devise nationale qui cotait 7 ½ d. au 31 décembre 1925. Cette amélioration est due, partie à un excédent notable des exportations, et partie à la sage politique économique et monétaire poursuivie par le Gouvernement qui a réduit la circulation fiduciaire totale (2.707.000 *contos* au 31 décembre 1925 contre 2.964.000 au 31 décembre 1924).

Le change ayant perdu toute solidarité avec l'or, n'est plus réglé maintenant que par les mouvements de la balance des Comptes. Au 30 juin 1926, le change était de 7 25/32 d..

CHAPITRE IV

Russie

La réforme monétaire de M. de WITTE qui, sur la fin du XIXe siècle, parvint à stabiliser le rouble russe, nous offre le remarquable exemple de ce que peut donner sous un gouvernement autoritaire, l'application continue, au cours d'une vingtaine d'années, d'une bonne politique arrêtée une fois pour toutes.

Les premiers billets d'Etat, qui prirent le nom d'assignats, firent leur apparition en Russie en 1768. En 1843, une réforme consacra leur dépréciation et l'échange de ces assignats contre 170 millions de « roubles crédits », à raison de 350 unités de l'ancienne monnaie pour 100 de la nouvelle. La Russie était alors sous le régime de l'étalon d'argent. Les nouveaux billets, garantis pour 1/6 par du métal blanc, étaient émis au pair, correspondant à une parité de 4 francs. Ils avaient cours légal et étaient remboursables en espèces.

La réforme réussit ; les circonstances furent tout de

suite favorables, et l'achat de 50 millions de rentes françaises par l'Empereur, en 1847, est resté un exemple célèbre de la prospérité qui régnait alors dans le pays. Mais lorsque, par la suite, le Gouvernement eût à soutenir la guerre de Crimée, les ressources ordinaires étant devenues insuffisantes, il fit appel à des émissions successives qui portèrent finalement la circulation à 735 millions de roubles en 1857 : il fallut établir le cours forcé et le papier se déprécia.

Le désordre monétaire ne put être supprimé, malgré les efforts du Gouvernement, et la guerre russo-turque fit réapparaître, vingt ans après, les émissions désordonnées de papier monnaie ; en 1878, le total de la circulation s'élevait à 1.133 millions de roubles-crédit: le change en était tombé alors à 2,64 francs.

A cette même époque, la baisse de l'argent devenait inquiétante. Avant d'entreprendre la restauration monétaire se posait ainsi la question de l'étalon ; le ministre des Finances Vichnegradsky eut le mérite de prévoir la suprématie prochaine de l'or dans les règlements internationaux, et de s'attacher aussitôt au renforcement de l'encaisse or à la Banque Nationale de Russie. Inaugurée par lui et poursuivie par son successeur M. de Witte, cette politique fit s'accumuler à l'Institut d'émission un stock d'or qui, de 170,3 millions en 1885, passa en 1896 à 425 millions de roubles-or. Entre temps devant la grande baisse de l'argent, et s'inspirant de l'exemple récent de l'Inde, M. de Witte supprima en Russie la libre frappe de l'argent, ainsi que l'importation des pièces étrangères, et le billet de banque russe présenta alors ce caractère exceptionnel de n'être appuyé sur aucune base métallique: le rouble crédit était coté à un cours supérieur à la parité or du rouble-argent, qui restait pourtant encore l'étalon national de la valeur.

Cependant, l'adoption de l'étalon d'or devenait possible, grâce à l'encaisse métallique de la Banque Nationale. M. de Witte décida de faire le dernier pas: la monnaie d'or serait mise en circulation sur la base de un rouble-or pour 1 ½ rouble-papier. Ce rapport était celui auquel, depuis 1887, M. Vichnegradsky avait tendu à stabiliser le change (1) : il fut sanctionné temporairement par l'ukase du 22 août 1896, jusqu'à ce que la Loi monétaire du 7 juin 1899 codifia en un texte unique toutes les différentes mesures adoptées au cours des années précédentes. Les nouvelles pièces d'or, appelées *impériales*, qui équivalaient en 1885 à 10 roubles, reçurent cours légal à la parité de 15 roubles : il y avait également des demi-impériales de 7 ½ roubles (2).

Cette réforme consacrait l'établissement de l'étalon d'or en Russie. Le Gouvernement eut à l'origine quelque peine à le faire adopter par la population qui s'était habituée aux billets de banque : certains droits, dans ce but, furent spécifiés exigibles en or. La Loi de 1899 établit la libre frappe. Quant aux billets, ils étaient convertibles en or dès 1897. L'émission des pièces divisionnaires d'argent fut limitée à trois roubles par tête d'habitant : leur pouvoir libératoire à 25 roubles. Les billets de banque, jusqu'à concurrence de 600 millions, devaient

----

(1) En 1893, la spéculation internationale s'efforça de déprécier le rouble à la Bourse de Berlin ; M. de Witte s'entendit alors avec une banque de la place qui put maintenir la parité de 2,16 marks, en achetant ou vendant des roubles à guichets ouverts, à ce cours.

(2) Ce rapport équivalait à : 1 rouble papier = 66 kopecks 2/3 d'or = 2/3 de rouble d'or = 2 fr. 66 = 2 marks 16. L'impériale valait 40 francs.

être couverts à proportion de 50 % par l'encaisse : au-
delà, la couverture intégrale était imposée.

Ainsi, la réforme amorcée par l'ukase du 1er janvier
1881 aboutit à la Loi Monétaire de 1899, consacrant en
Russie le passage d'une monnaie fiduciaire, nominalement basée sur l'argent, à une circulation réellement
basée sur l'or. Jusqu'en 1914, le change resta relativement stable, malgré les troubles civils et la guerre japo-
naise: le plus fort écart fut observé en 1906, lorsque les
100 roubles firent à Paris 259 ½ francs au plus bas.

CHAPITRE V

Autriche - Hongrie

Les finances autrichiennes, durant le XIXe siècle, souffrirent du papier-monnaie comme d'un mal chronique.
Les lois et ordonnances des 2 et 8 août 1892, établissant
l'étalon d'or, apportèrent le remède à cette situation.

Jusque-là, le système monétaire était basé sur l'argent,
nominalement tout au moins, car la frappe libre du métal était suspendue depuis mars 1879, et la monnaie de
compte était la « *valuta* »; cette expression désignait le
billet inconvertible de un florin, dont la valeur s'était,
depuis 1879, désolidarisée du cours de l'argent, faisant
prime sur lui, tout en étant déprécié par rapport à l'or.
En 1889, on cotait pour 100 florins-argent, en florins-or :
69,38, et en florins-papier: 82,20. Le florin-papier avait
ainsi une valeur intermédiaire entre celle de l'or et de
l'argent, et reposant uniquement sur le crédit de l'Autriche-Hongrie elle-même, d'où la désignation de valeur
autrichienne ou « *valuta* », instable par définition.

Pour doter leur pays d'une monnaie saine, les ministres des Finances autrichiens et hongrois décidèrent, en mars 1892, de préparer le retour à la circulation mé-tallique et à la convertibilité du billet. Renonçant de suite à rétablir l'ancienne parité or du florin, et consi-dérant qu'il valait mieux consolider le fait accompli sans provoquer de bouleversement économique à l'intérieur du pays, ils adoptèrent le principe de l'étalon d'or dont la suprématie s'affirmait alors en Europe et dans le mon-de entier, et que l'opinion à l'intérieur du pays récla-mait également.

Ces études aboutirent à la Loi monétaire du 2 Août 1892, établissant en Autriche-Hongrie le régime du mo-nométallisme-or. La nouvelle unité monétaire serait la couronne = ½ florin; pour calculer le poids d'or fin que l'on devrait y incorporer, on prit la moyenne du change durant les trois années précédentes, ce qui donnait 120 florins pour une livre sterling, ou 2 francs 10 pour un florin; le pair de la couronne fut ainsi fixé à Fr. 1,05 équivalant à 1/3.280^{me} kg. d'or fin. Les pièces d'or avaient cours légal illimité, et le métal était admis à la frappe libre; l'Etat conservait le privilège de la frappe des piè-ces d'argent, de nickel et de bronze, admises seulement pour une certaine proportion dans les règlements.

Ainsi était créée la monnaie métallique. Mais faute de stock d'or suffisant, il ne pouvait être question de réta-blir la convertibilité du billet; le cours forcé fut main-tenu jusqu'à nouvel ordre.

La circulation, au 31 Décembre 1891, se montait à 867 millions de florins en billets inconvertibles, sur les-quels 412 millions étaient des billets d'Etat. Dès la ré-forme de 1892, les deux gouvernements entreprirent de les remplacer par les billets de la Banque austro-hon-

groise, moyennant un dépôt d'or correspondant. L'ordonnance impériale du 21 Septembre 1899, consacrait
l'achèvement de la réforme entreprise en 1892: tous les
billets d'Etat avaient disparu, et la couronne devenait
monnaie de compte officielle à partir du 1er Janvier 1900.

Cependant, un point restait en défaut: la suppression
du cours forcé n'avait pu être évitée, les deux gouvernements de la monarchie austro-hongroise n'ayant pu se
mettre d'accord à ce sujet. La Banque ne fut donc pas
tenue de rembourser les billets dont l'émission, néan-
moins, était subordonnée à une couverture métallique
des 2/5 (1). En fait, la Banque pratiqua dès l'origine,
en 1892, une politique de devises tendant à la stabilité
du change austro-hongrois. Ainsi, pour n'avoir pas été
réalisée pleinement, la réforme monétaire instaura en
fait, dans le pays, un système tout à fait voisin du Gold
Exchange Standard indien (2). Le public avait confiance
dans le billet de l'Institut d'émission, et s'en servait à
l'habitude, laissant refluer vers celui-ci les espèces d'or ;
la Banque, de son côté, comprenant supérieurement son
rôle de régulateur monétaire et de stabilisateur du change, prit d'elle-même, alors que nul ne l'y contraignait,
l'initiative de maintenir le change dans des limites voisi-
nes des gold points, en achetant ou en fournissant des

---

(1) En outre, lorsque l'émission dépassait le stock de plus
de 400 millions, le surplus était passible d'une taxe annuelle
de 5 %.

(2) La réforme austro-hongroise représente une forme supérieure d'application du Gold Exchange Standard System, comparée aux expériences de l'Inde, de la République Argentine
et du Brésil. En Autriche-Hongrie, cette application était un
état de fait, non réglementé par la loi, et, partant, plus souple.
La Banque pouvait avoir une politique du change, comme
autrefois le Bureau de Manille, et pratiquer, sur le marché
des devises, ces *interventions* dont les exemples se sont multi-
pliés, depuis la guerre, en de nombreux pays.

traites sur l'étranger, au pair. Le mécanisme de l'opération est des plus simples: la Banque achète ou vend des lettres de change sur Londres, selon que le change national est favorable ou défavorable. L'opération pourra être avantageuse, comme elle pourra se solder par une perte, peu importe: le but poursuivi n'est point d'acheter et de revendre dans de bonnes conditions, mais, par ces achats et par ces ventes, d'assurer la stabilité du change.

Ce système donna les meilleurs résultats en Autriche-Hongrie à partir de 1901. Le change resta stable et le stock d'or alla en augmentant. La crise de 1907-1908 troubla momentanément cet équilibre, mais la secousse fut de courte durée et au 31 Décembre 1910 les réserves or atteignaient 1.320.549.934 couronnes. Lorsque, le 8 Août 1911, fut prorogé jusqu'en 1917 le privilège de la Banque austro-hongroise, cet Etablissement reçut l'autorisation de provoquer à son gré la reprise des paiements en espèces ; mais elle devait en attendant continuer à maintenir au pair, par tous les moyens, le change austro-hongrois. La guerre survint avant que ne fut levé le cours forcé du billet.

La réforme monétaire a ainsi abouti en fait à l'établissement de l'étalon or de change. Cet état de fait ne fut pas voulu, comme aux Indes, en République Argentine ou au Brésil, mais, ainsi que dans ces trois pays, il fut considéré d'abord comme une étape nécessaire mais temporaire du rétablissement de l'étalon d'or ou Gold Standard. Puis, à l'usage, on s'aperçut des avantages et de l'économie du Gold Exchange Standard, et l'on jugea inutile d'aller plus loin, puisque l'on pouvait ainsi assurer à meilleur compte la stabilité du change par rapport à l'or. L'expérience austro-hongroise, plus que toute autre, met en lumière cette « spontanéité des phénomènes économiques » dont parle Adam Smith, spontanéité qui a fait surgir en différents points du monde et à la même époque, un système monétaire dont la théorie ne fut édifiée qu'après les nombreuses expériences qui mirent en valeur son intérêt et son utilité.

DEUXIÈME PARTIE

———

Réformes Monétaires d'après-guerre

———

CHAPITRE PREMIER

—

Angleterre

—

De tous les Etats européens qui prirent une part active
à la guerre de 1914-1918, l'Angleterre est un de ceux
où l'étude des conséquences monétaires du conflit est des
plus attachantes, tant par la manière dont s'est com-
portée, durant les hostilités, la devise nationale, que
pour son exemplaire restauration à la parité-or, la paix
une fois rétablie. Il en rejaillit un lustre nouveau sur
une école financière dont l'histoire a consacré depuis
longtemps l'excellence des principes et le rare courage
de les appliquer au prix des plus durs sacrifices.

Le mois d'Août 1914 vit naître là ,comme chez tous
les belligérants, les mesures exceptionnelles que com-
mandait l'entrée du pays dans un conflit de grande en-
vergure. Donnant l'exemple de la prévoyance, le Gouvernement britannique se prépara alors à soutenir une
guerre de longue durée, où les facteurs économiques
joueraient un grand rôle. Afin de parer a la penurie
immédiate de numéraire (1) et de procurer ultérieure-

---

(1) Il n'existait pas, en Angleterre, de « Trésor de guerre »,
sur le modèle allemand, ni même comme en France, de système analogue.

ment les ressources nécessaires, le « Currency and Bank-notes Act », du 6 Août 1914, donna au Gouvernement l'autorisation d'émettre un papier-monnaie d'Etat dont la circulation se superposerait à celle de la Banque d'Angleterre. Les émissions anormales de billets furent ainsi effectuées par le Gouvernement anglais lui-même, laissant intact le crédit de la Banque: distinction théorique sans doute, puisqu'en même temps le billet de la Banque recevait cours forcé, et qu'en fait il ne s'établit aucun change intérieur entre les deux circulations. Cependant, cette nuance avait son intérêt et marquait, chez les sphères dirigeantes britanniques, le souci de ne point compromettre pour l'avenir les deux qualités essentielles du billet de la Banque d'Angleterre, à savoir sa convertibilité-or et, comme conséquence, sa non dépréciation au change.

Nous ne nous étendrons pas sur le mécanisme de l'inflation en Angleterre, cette étude excédant le plan proposé. Notons seulement qu'elle se produisit sous deux formes: ouvertures de crédits de banques (1) et émissions de billets d'Etat ou « *Currency-notes* ». Par ce double mécanisme, le total des moyens de paiement passa de £ 1.273 millions à £ 2.937 millions, du 31 décembre 1913 au 31 Décembre 1919 ; sur ce montant, les *Currency-notes* entraient pour 356 millions, et les avances par Voies et Moyens de la seule Banque d'Angleterre, représentaient environ 200 millions sterling (2).

---

(1) Les plus importantes furent celles consenties par la Banque d'Angleterre, les « Ways and Means Advances ».

(2) Cette augmentation des moyens de paiement donne une évaluation minimum de l'inflation de guerre en Angleterre. Il convient de tenir compte, en outre, de la diminution des marchandises au cours de la même période, dans un pays dont toute la production était orientée vers la guerre, c'est-à-dire vers une consommation inutile du point de vue économique.

Dès 1918, le Gouvernement anglais se préoccupa de la résorbtion de cette double inflation de papier-monnaie et de crédit. Sans même attendre la fin des hostilités, il chargea un Comité financier, présidé par lord Cunliffe, d'établir un programme de revalorisation monétaire destiné à être appliqué dès que les circonstances le permettraient (1) ; ainsi était affirmée la volonté gouvernementale de ramener dès que possible le change anglais au pair, et cela par les propres efforts du pays, sans se reposer sur l'espoir facile et illusoire d'une paix avantageuse et rémunératrice. Le 15 août 1918, le Comité Cunliffe communiqua un premier rapport provisoire où se trouvent formulés un certain nombre de principes dont l'intérêt déborde singulièrement les frontières du Royaume-Uni :

1° — Il est nécessaire, en tout pays, de limiter la création du crédit. Dans le cas particulier de l'Angleterre, il convient de limiter ainsi la création des *Currency-notes* en imposant pour toute émission ultérieure, une certaine couverture en billets de la Banque d'Angleterre. Puisqu'en vertu de l'Act de 1844, l'émission de ces billets est strictement contingentée, les *Currency-notes* reposeront indirectement sur l'or de la Banque, et leur demande exagérée, ayant une répercussion à la Banque d'Angleterre, déclanchera automatiquement le frein du taux de l'escompte.

____

(1) On a souvent voulu rapprocher les travaux du Comité des Experts, réunis en France en 1926, de ceux de la Commission Cunliffe. Une différence capitale les sépare : les experts français ont dû choisir le but à atteindre, — question politique : — Le Comité Cunliffe eut seulement à préciser les moyens pour atteindre un but arrêté par le Gouvernement.

2° — Il n'est pas suffisant d'arrêter l'inflation : il faut en outre réduire le montant des moyens de paiements, faire de la déflation. L'inflation est décelée par la perte au change vis-à-vis des monnaies d'or. Il faut poursuivre la déflation jusqu'à la restauration de la devise nationale à sa parité-or.

3° — Cette parité-or sera atteinte avant la disparition de tous les nouveaux billets émis, car une partie de la hausse des prix est acquise. Il restera un « résidu d'inflation » que l'on pourra conserver sans danger. « Il est probable qu'après la guerre les prix mondiaux resteront longtemps, sinon toujours, à un niveau supérieur à celui d'avant-guerre et que les banques seront conduites à adopter un chiffre plus élevé d'encaisse. En outre, quelles que soient les économies que l'emploi des méthodes perfectionnées de paiement puissent apporter dans l'emploi de la monnaie légale, elles seront probablement plus que compensées par l'accroissement des revenus des classes salariées qui sont les grands consommateurs de monnaie légale. Toutes ces causes tendront à accroître la quantité de monnaie légale que le pays pourra conserver sans danger pour l'étalon d'or, soit en circulation, soit dans la réserve des banques, bien au-delà du chiffre d'avant-guerre, sans que cependant ce montant puisse être fixé autrement que par l'expérience » (1).

4° — La déflation doit être graduelle. Il n'est pas possible de la déterminer à l'avance ; elle doit se régler sur les circonstances. La Commission suggère que le

____

(1) Comité Cunliffe. First Interim Report, parag. 38.

maximum d'émission fiduciaire atteint chaque année de-
vienne la limite autorisée l'année suivante.

5° Enfin, pour assurer l'élasticité de circulation nécessaire, maintien provisoire du « Currency and Bank-
notes Act », du 6 août 1914, autorisant la Banque d'Angleterre à dépasser exceptionnellement les limites d'émission fiduciaire arrêtées dans l'Act de 1844.

*
* *

Dès le second semestre de 1919, le Gouvernement anglais s'inspirant de ces directives, orienta sa politique
dans la voie du redressement. Ce fut d'abord, à partir
du 8 août, la décision de verser à la réserve des *Currency-notes*, pour toute émission future, une proportion
de billets de la Banque d'Angleterre réduisant d'autant
le montant de la nouvelle inflation. En octobre, la Banque, conformément à une théorie capitale et traditionnelle, entra dans la voie de l'augmentation du taux de
l'escompte, destinée à faire baisser les prix par la liquidation des stocks, et à provoquer ainsi la hausse du change. A la même époque, étaient supprimées différentes
mesures exceptionnelles du temps de guerre : intérêt maximum pour les dépôts en banques, restrictions à l'importation et à l'exportation des capitaux, et surtout modification des prix de l'or sud-africain (1).

______

(1) Jusqu'à la fin de la guerre, les crédits américains permirent de soutenir le change anglais, mais, en 1919, celui-ci
tomba de 4,76 ½ le **$**, au 1ᵉʳ janvier, à 4,50 3/4, au 1ᵉʳ juillet,
et à 3,73 3/4 au 31 décembre. La production de l'or du Trans-
vaal, jusqu'alors réservée au gouvernement anglais, fut libérée au mois d'août : elle devait toujours être envoyée à Londres, mais des licences d'exportation étaient accordées.

Le 15 décembre 1919, M. Chamberlain annonça aux Communes l'application, à partir du 1er janvier suivant, des principales dispositions du rapport Cunliffe. Le montant maximum de l'émission non gagée des *Currency-notes* serait fixé pour cette année à £ 320.600.000 : au-delà de ce chiffre, couverture en billets de la Banque d'Angleterre. Le ministre déclarait, en outre, vouloir commencer de suite l'amortissement de la dette, dont le montant actuel serait considéré comme maximum.

L'année 1920 débuta par une grave crise financière. 63 millions de bons à court terme ne furent pas renouvelés et le Gouvernement dut recourir à la Banque pour les rembourser. Le taux de l'escompte fut alors élevé le 15 avril à 7 %, tandis que le Trésor portait l'intérêt de ses bons de $5\frac{1}{2}$ à $6\frac{1}{2}$. Mis en présence du grave danger que présentait en permanence la dette flottante, le Gouvernement entreprit de l'amortir ou de la transformer pour le supprimer. Le budget de 1920-21 (1) marque un effort sérieux vers l'équilibre: si les recettes n'étaient que légèrement majorées, par contre les dépenses étaient réduites de 35 % sur l'exercice antérieur. Les prévisions promettaient alors un notable excédent de recettes, devant servir à l'amortissement de la dette : l'exercice se solda effectivement par un excédent de £ 230.557.000. L'effort gouvernemental se poursuivit au cours de l'exercice suivant, qui donna encore un excédent de 45 millions sterling, chiffre inférieur aux prévisions, mais considérable si l'on tient compte de la dépression économique de cette époque. Ces excédents budgétaires, résultat d'une fiscalité rigoureuse, permirent d'amortir dans

---

(1) L'année financière s'étend du 1er avril au 31 mars.

de fortes proportions les différentes modalités de la dette
publique :

en millions de Livres

	3¹-12-20	31-3-21	31-3-22	30-6 22
Dette extérieure	1.257		1.087	
Dette flottante	1.408	1.275,3	1.029,5	965,3
Avances par Voies et Moyens...	305,9	154,4	147,3	204,8

En dépit d'une légère augmentation, au 30 juin 1922,
des « Avances par Voies et Moyens », ce tableau marque
une amélioration considérable et rapide de la situation
financière de l'Angleterre, aussitôt après la guerre. Cette
amélioration porte sur les types de dette considérés comme les plus nocifs et les plus humiliants: la dette à court
terme et la dette extérieure. Dans la même période, la
dette à long terme était en accroissement, mais c'était
une résultante de la politique de conversion adoptée par
le Gouvernement. C'est ainsi qu'au cours de 1922,
£ 194.467.884 de dettes extérieures ou flottantes furent
échangées contre £ 257.205.055 de dettes à long terme;
la charge annuelle des intérêts était réduite de ce fait de
£ 10.064.951 à £ 9.577.378. Cette heureuse opération,
tout en soulageant la Trésorerie, diminuait les dangers
d'un remboursement massif des bons à court terme, en
période de crise, comme cela s'était vu en 1920.

*
* *

Ainsi, du côté des finances publiques, on pouvait no-
ter un redressement très net de la situation. L'étude des
modifications d'ordre plus spécialement monétaire révèle
une amélioration toute différente en son principe ; on y
voit la part prépondérante qui doit être attribuée aux

circonstances, le Gouvernement jouant un rôle beaucoup plus modeste, et en quelque sorte de spectateur.

Si l'on groupe l'ensemble des moyens de paiement (*Currency-notes*, billets de banque, dépôts en banque), on constate que leur montant passe de 3.015 millions sterling, fin 1920, à 2.797, fin 1922. Il y a donc eu déflation. Mais cette déflation, comme il ressort de l'examen de son mécanisme, est une conséquence de la crise économique survenue au cours de l'année 1920. Cette crise était déjà annoncée en 1919 par la hausse du taux de l'escompte aux Etats-Unis. Une baisse mondiale des prix résulta de la déflation du crédit. Les indices des prix de gros des marchandises ont diminué fortement: ramenés à 100 au 31 juillet 1914, leurs variations furent les suivantes :

	Grande-Bretagne	Etats-Unis
au 31 Janvier 1920	305	241
31 Mars 1920	325	239
31 Décembre 1920	231	146
31 Décembre 1921	170	131,4
31 Décembre 1922	166,2	158,2

La baisse des prix entraînait celle des salaires, quoique dans une moindre proportion, et diminuait les besoins d'argent du public. Les *Currency-notes*, qui étaient les seules petites coupures, refluèrent en dépôts vers les banques, qui les remettaient à la Banque d'Angleterre ; ils étaient finalement envoyés au *Currency-notes Department*. Ainsi la déflation monétaire a-t-elle été spontanée. Elle est une résultante directe de la crise économique de 1920-21, et non pas sa cause, comme il a été dit parfois. Il est très certain qu'une politique de déflation peut engendrer des troubles économiques, mais dans ce cas particulier, c'est l'inverse qui s'est produit. Le Gouvernement n'avait plus à intervenir que pour rembourser les billets ainsi revenus à leur source, et l'amortissement progressif des « Ways and Means Advances », à la Banque d'Angleterre, grâce aux excédents budgétaires, rendait définitive la déflation produite.

De son côté, la Banque d'Angleterre maintint durant une année le taux de 7 %, et le ramena après cette durée-record, à 6 ½ le 28 avril 1921, à 6 le 23 juin, 5 ½ le 21 juillet et 5 le 3 novembre 1921. Les variations du taux, ainsi que le faisait observer l'*Economist* en 1922, étaient devenues un problème surtout psychologique : il ne s'agissait plus de sauvegarder l'or de la Banque, puisque l'embargo était maintenu, sauf sur les lingots en transit et moyennant des autorisations spéciales : il fallait seulement se baser sur la situation économique générale et c'est précisément pour assainir le marché anglais que fut maintenu si longtemps le taux sévère de 7 %.

La Banque ne perdait pas de vue, d'autre part, l'intérêt qu'il y avait à renforcer son encaisse métallique en vue de la suppression future du cours forcé. Les stocks d'or accusèrent pendant cette période une notable progression : les réserves en 1923 avaient triplé par rapport à 1914 et couvraient à raison de 37 % le montant des billets et *Currency-notes* en circulation.

En résumé, si l'on observe l'ensemble de la politique financière britannique dans les premières années de l'après-guerre, on constate une amélioration considérable, se traduisant par la hausse continue de la devise anglaise par rapport au dollar. Cette amélioration ne peut être attribuée à la déflation monétaire qui ne fut que de 7 %. Elle est due très certainement au rétablissement de l'équilibre budgétaire, écartant toute crainte d'inflation, et aux excédents de recettes, permettant d'importants amortissements et la conversion de la dette. La diminution de la dette flottante ajoute à la sécurité financière. Ainsi que le fait observer M. Rist : « Aucune spéculation à la baisse n'a plus de prise sur la monnaie d'un Etat dont les finances sont en équilibre ». (1)

La politique anglaise, ainsi orientée dès 1920 vers le rétablissement de finances saines et de la parité or du change, fut couronnée d'un éclatant succès, mais qui n'allait pas sans une extrême sévérité budgétaire. Les lourds impôts portèrent du reste leur fruit. Après l'exercice 1922-23 qui se solda par un nouvel excédent de recettes, supérieur à £ 101 millions, on put envisager la réduction de *l'income-tax*, pour aider à la reprise des affaires. La restauration de la Livre au pair fut facilitée par la baisse de l'or, qui se traduisit en 1922 par une hausse des prix aux Etats-Unis et la baisse du Dollar par rapport à la Livre. Le change sur New-York est passé de $ 3,20, en 1920, à $ 4,72, en février 1923, le pair étant $ 4,866. « Ceci, disait M. Walter Leaf, est une justification de la politique suivie par notre Gouvernement et un avertissement éloquent contre les voix de sirènes qui pourraient nous inciter fallacieusement à nous écarter de la route de l'honnêteté fiscale, en vue d'obtenir un stimulant momentané des affaires, qu'il faudrait payer ensuite d'une réaction mortelle. » (2)

------

(1) Rist. La déflation en pratique.
(2) Assemblée Générale de la *London County Westminster and Parr's Bank*. Discours de M. Walter Leaf, président. (1ᵉʳ février 1923).

L'aboutissement logique de ces efforts fut le rétablissement de la Livre à sa parité-or en avril 1925. En prenant cette décision, le Chancelier de l'Echiquier, M. Winston Churchill, précisait que le remboursement des billets serait laissé au gré de la Banque d'Angleterre et non obligatoire. « Rétablir l'ancien étalon d'or international, ne signifie pas que nous allons recourir à une frappe d'or ..... La frappe d'or serait une mesure extravagante et injustifiée, que notre resserrement financier actuel ne nous permet nullement de reprendre. Je dois faire appel à toutes les caisses, dans l'intérêt public, pour qu'elles continuent à se servir du billet et ne rien changer aux habitudes qu'elles ont prises au cours des dix dernières années » (1).

Le Chancelier exprimait en même temps son opinion que ce retour à l'étalon d'or ne pouvait être différé davantage, les deux autres grands pays manufacturiers du monde, l'Allemagne et les Etats-Unis d'Amérique, s'y trouvant à présent, ainsi que l'Autriche et la Hongrie. La Banque d'Angleterre accède aux demandes de remboursement, selon l'intérêt qu'elles présentent pour la stabilité du change anglais : celui-ci est maintenant basé sur l'or et ne varie que dans la limite des gold points (2).

---

(1) Discours de M. Winston Churchill aux Communes à l'occasion du dépôt du projet de budget 1925-26.
(2) On a même pu observer à nouveau, en 1926, une légère prime de la Livre sur le Dollar.

CHAPITRE II

—

Autriche

—

Une des conséquences capitales de la guerre de 1914
fut l'écroulement, en 1918, sous le vent de la défaite, du
curieux édifice ethnique qu'était l'ancien empire austro-
hongrois. Faisant allusion à ce phénomène, M. Lloyd
George s'écriait en janvier 1921, au cours d'une séance
du Conseil Suprême tenue à Paris : « Une explosion s'est
« produite dans le centre de l'Europe et la monarchie
« austro-hongroise a volé en éclats. Un de ces éclats
« est tombé en Italie, un autre en Serbie, un troisième
« a franchi les Carpathes et est allé s'écraser en Rouma-
« nie, un quatrième est devenu une partie de la Polo-
« gne, un autre encore a formé un Etat qui s'appelle,
« m'a-t-on dit , la Tchéco-Slovaquie. Je sais bien que
« deux autres sont restés sanglants sur les bords du
« Danube... mais en sommes-nous responsables ? » L'un
de ces deux Etats sanglants était l'Autriche, dont un
diplomate disait encore après le traité de St-Germain :
« l'Autriche, c'est ce qui reste ».

Réduite à un territoire de 80.000 km. carrés, avec une population de 6 millions d'habitants, dont la moitié est groupée dans une immense agglomération, Vienne, l'Autriche se heurta dès 1918 à des difficultés importantes. Toute sa vie économique était désaxée, tout était à créer, politiquement et financièrement, pour rendre viable un pays dont l'avenir semblait fort compromis.

Le Gouvernement autrichien n'eut pas le courage ou la force de surmonter les premiers obstacles qui se présentèrent à lui. Ses dépenses étaient considérables, tant du fait de la guerre que par suite des Traités : il fallait secourir des milliers de fonctionnaires devenus inutiles, soutenir de nombreuses industries désemparées à la suite des modifications territoriales, et, la misère commençant à sévir dans la population, il fallut accorder des secours pour parer à des troubles sociaux menaçants. Par ailleurs, le système fiscal désorganisé compromettait la rentrée des recettes, elles-mêmes amoindries par la chute de la couronne. Aussi le Gouvernement eut-il recours à l'inflation, modérément d'abord, puis selon un rythme accéléré, et ce ruineux expédient devint bientôt la principale des ressources budgétaires. L'Autriche offrit ainsi en Europe, au lendemain de la guerre, le premier exemple des conséquences catastrophiques auxquelles conduit l'abus du papier-monnaie. A partir de 1922, la situation du pays devint tragique. Les 100 francs suisses, dont le pair correspondait à 105 couronnes, cotaient :

le 1er Juillet 1919 — .... 567 couronnes autrichiennes
le 1er Juillet 1920 — .... 2.702 couronnes autrichiennes
le 1er Juillet 1921 — .... 12.200 couronnes autrichiennes
le 1er Juillet 1922 — .... 360.000 couronnes autrichiennes

Les prix suivirent d'abord lentement cette progression,

puis la dépassèrent rapidement, atteignant des indices
vertigineux (1). L'Autriche, qui avait souffert en 1920
d'une pénurie de marchandises, se trouvait alors devant
une abondance de produits dont le prix les rendait inac-
cessibles à sa population. C'est alors que le nouveau
chancelier autrichien, Mgr Seipel, vint pousser à Genève
un émouvant cri de détresse au cours de la 22ᵉ session
du Conseil de la Société des Nations. Conscient de
l'impossibilité pour son pays de se relever par ses propres forces, et de l'urgence véritable qu'il y avait à obtenir de nouveaux secours, sans s'arrêter d'autre part à des
considérations d'amour-propre national, dont les circonstances ne permettaient plus de tenir compte, le Chancelier exposa à Genève ce qu'il attendait de la Société des
Nations : (2)

« 1° Arrêter la *dégringolade* du système monétaire
« dégringolade rendant impossible tout calcul budgé-
« taire, non seulement de l'Etat, mais aussi des parti-
« culiers, et augmentant journellement le coût de la vie.

« 2° Permettre à l'Etat son existence pendant la pério-
« de de transition, jusqu'à ce que les mesures d'assainis-
« sement déjà prises et encore à prendre soient deve-
« nues efficaces.

« 3° Lui permettre de se débarrasser d'un certain
« nombre de fonctionnaires et d'activer le rendement de
« ses entreprises au moyen des fonds nécessaires.

---

(1) Une miche de pain coûtait une demi-couronne en 1913,
6.000 couronnes en septembre 1922. Le prix d'une chemise passait dans la même période de 6 à près de 200.000 couronnes
(chiffres fournis en exemple par Mgr Seipel, chancelier autrichien à la Société des Nations, le 6 septembre 1922).
(2) Compte-rendu officiel de la 22ᵉ session du Conseil, 3ᵉ
séance. Discours de Mgr Seipel, chancelier autrichien.

« 4° Utiliser à l'avenir les ressources déjà mention-
« nées, en améliorant l'agriculture, en mettant sur pied
« l'industrie, en exploitant les forces hydrauliques et en
« donnant ainsi à la population les bases d'un avenir
« certain ».

En terminant, le Chancelier autrichien acceptait le
principe d'un contrôle étranger, reconnu indispensable,
mais à la condition qu'il ne portât pas atteinte à la souveraineté de son pays.

La Société des Nations avait été déjà saisie, une première fois, en mars 1921, du problème de la reconstitution financière de l'Autriche. La situation était alors
moins grave. La première mesure à prendre parut être
de libérer l'actif national, afin qu'il pût servir de base
à un emprunt national ou international; des pourparlers
furent engagés à cet effet avec les 18 Etats créanciers
du pays, en vue d'obtenir la levée de leur hypothèque
pour une durée, assez longue, de 20 années : ces pourparlers traînèrent en longueur et n'aboutirent qu'en juillet 1922. Mais, entre temps, la situation s'était considérablement aggravée. A la demande pressante du Gouvernement autrichien, des crédits furent ouverts par la
Grande-Bretagne (£ 2.250.000), la France (50 millions de
francs), l'Italie (70 millions de lires), et la Tchéco-Slovaquie (500 millions de couronnes). Au cours du 1er semestre de 1922, ces crédits furent dépensés en majeure
partie pour le ravitaillement de la population, sans autre
avantage pour les finances publiques qu'un surcroît d'en-
dettement. La couronne perdait sans cesse du terrain,
tombant en août 1922 à 1/10e de sa valeur de six mois
auparavant, 1/100e de sa valeur d'un an auparavant.

1/15.000ᵉ de sa valeur-or. En outre, et en toute bonne foi, les dirigeants des deux grandes banques autrichiennes passées à l'étranger, la banque anglo-autrichienne (Angleterre) et la banque des Pays de l'Europe Centrale (France), refusaient d'appuyer le projet gouvernemental d'un grand emprunt basé sur l'actif autrichien: ils déclaraient que ni eux ni le public ne pouvaient avoir confiance dans l'avenir politique et financier du pays.

C'est alors que le Gouvernement autrichien adressa au Conseil suprême un nouvel appel en garantie d'un emprunt de 15 millions sterling. En adressant sa requête, Mgr Seipel insistait sur la gravité de la situation : « Si, « contre toute attente, disait-il, ce dernier espoir était « également chimérique, le Gouvernement autrichien sa- « chant qu'il a épuisé tous les moyens en son pouvoir — « moyens qui constituent l'effort le plus considérable de « son peuple — pour sauver la situation, aurait à réunir « le Parlement autrichien en séance extraordinaire, et « à déclarer, d'accord avec lui, que, ni le présent Gou- « vernement, ni aucun autre, n'est en mesure de conti- « nuer à administrer l'Etat ».

Les Gouvernements alliés, dont les dernières avances avaient été englouties — « gaspillées » disait M. Lloyd George — en secours à la population, ne pouvaient assumer cette nouvelle charge sans avoir l'assurance que les nouveaux crédits, utilisés selon un programme sévère de redressement financier, ne seraient plus dépensés en pure perte. En considération de l'importance politique du problème, ils renvoyèrent la demande pour « examen et rapport » à la Société des Nations. Le Conseil s'en occupa dès sa première séance, le 31 août 1922, et chargea le Comité financier de l'étudier. Cet examen aboutit à tout un ensemble de projets :

1° Réformes intérieures : Réduction des dépenses par renvoi de fonctionnaires (1), cession d'industries d'Etat déficitaires, etc., et augmentation des recettes (majoration des tarifs de chemin de fer, postes, télégraphes, et des prix des produits de Monopoles), devant permettre d'équilibrer le budget dès 1924.

2° D'ici là, emprunts pour combler le déficit de 1922 et 1923, estimé à 650 millions de couronnes-or. Les quatre Gouvernements (France, Grande-Bretagne, Italie et Tchéco-Slovaquie) ajoutent, chacun pour 20 %, leur garantie à l'emprunt reposant lui-même sur des gages suffisants (2).

3° Un Commissaire Général devra veiller à ce que le programme soit strictement exécuté; il devra donner son approbation pour toute utilisation de l'emprunt, en se basant uniquement sur la réalisation progressive du programme et la conservation des gages de l'emprunt.

4° Le déficit budgétaire devant être couvert par l'emprunt, il ne serait plus nécessaire de recourir à l'inflation. Il est considéré comme essentiel que soit créée une

---

(1) Dans sa réponse n° I aux questions posées par le Comité d'Autriche au Conseil, le Comité financier exposait : « Vienne, capitale d'un pays qui compte 6 millions d'habitants, a plus de fonctionnaires aujourd'hui que lorsqu'elle était la capitale d'un empire de plus de 50 millions d'âmes. Le Comité estime qu'il y aurait lieu de ce côté d'apporter une réduction sérieuse des dépenses, s'élevant au moins à un tiers au cours de la période de transition ».

(2) Ces garanties devaient donner un rendement annuel de 82 millions de couronnes-or se répartissant ainsi : Forêts et Domaines 1, Sel 1, Douane 40, Tabacs 40. Ces prévisions sont, depuis, très largement dépassées.

banque d'émission pleinement indépendante. Le Gouvernement autrichien lui transférera le monopole de l'émission et ne pourra plus, sauf autorisation spéciale, négocier ou conclure d'emprunt.

5° Parallèlement à ces mesures d'ordre financier, il devra en être appliqué d'ordre économique, afin de développer la production industrielle et agricole (conclusion de traités de commerce, etc.).

En attendant la ratification de ces accords par les Parlements des pays accordant leur garantie à l'emprunt projeté (1), ratification que l'on souhaite obtenir au plus tard le 31 décembre 1922, l'Autriche couvrira son déficit budgétaire par des émissions de Bons-or, remboursables sur les premières avances. Elle devra également procéder de suite aux réformes immédiatement réalisables, c'est-à-dire à la création de la Banque d'émission et au vote d'une loi accordant les pleins pouvoirs, dans le domaine financier, aux gouvernements successifs, en vue d'assurer l'équilibre budgétaire en 1924.

En présentant son projet, le Comité financier, dans la séance du 4 octobre, prononçait un grave avertissement : après avoir indiqué que, jusqu'alors, l'Autriche avait vécu de charités, dépensant en ravitaillement toutes ses ressources d'emprunts, sans rien faire pour rétablir sa situation financière, il ajoutait : « Il ne s'agit pas de « choisir entre la continuation des conditions d'existence « de l'année dernière et leur amélioration; il faut choisir « entre une période de difficultés peut-être plus grandes

---

(1) Pour le dernier cinquième, l'emprunt international fut garanti plus tard par la Belgique, la Suède, le Danemark, la Hollande, et indirectement par l'Espagne et la Suisse.

« que toutes celles qui ont été éprouvées depuis 1919,
« mais préparant pour l'avenir une réelle amélioration
« (c'est là l'hypothèse la plus favorable) ou l'effondre-
« ment dans une misère et dans une détresse chaotiques,
« sans équivalent dans le monde moderne, sauf en Rus-
« sie (1).

Ce programme fut consigné dans trois Protocoles qui
furent signés à Genève le 4 octobre 1922: ainsi était
arrêté le plan de reconstitution financière de la nouvelle
République.

Dès la signature de ces accords, le Gouvernement autrichien se mit à l'œuvre. L'émission des bons du Trésor fut couronnée de succès et permit d'arrêter l'inflation. Le 18 novembre, le dollar qui avait coté au plus
haut 83.600 couronnes le 25 août 1922, ce qui correspondait à 16.940 couronnes-papier pour une couronne-
or, fut stabilisé au cours de 70.935 couronnes, soit, pour
une couronne-papier, 0,00001412 dollar, d'où une cou-
ronne-or = 14.400 couronnes-papier. Depuis lors, les
cours n'ont plus varié aux deux Bourses de New-York
et de Vienne que dans les limites des gold points.

En même temps, le Gouvernement procédait à la création du nouvel Institut d'émission : le capital fixé à 30
millions de couronnes-or en fut souscrit rapidement,
l'État n'intervenant que pour 8 millions versés en Bons
du Trésor. Lorsque le Commissaire Général de la Société des Nations, Dr A. Zimmermann, arriva à Vienne

____

(1) Rapport du Comité financier, Annexe 432.

le 15 décembre 1922, il put constater le bon vouloir du Gouvernement et la réussite de ses premiers efforts. La Banque Nationale d'Autriche ouvrit ses guichets le 2 janvier 1923 : pleinement indépendante, elle possède le monopole de l'émission. Ses billets doivent être garantis à raison de 20 % par de l'or ou des traites à court terme sur les pays à monnaie-or. Pour le surplus, ses fonctions se rapprochent sensiblement de celles de la Banque de France. Elle a, en outre, la charge d'assurer la stabilité du change autrichien, selon les principes du Gold Exchange Standard, par achat ou vente de l'or à un cours fixe. Depuis janvier 1925, elle effectue ces opérations avec une légère marge correspondant aux points d'entrée et de sortie de l'or. C'est, en somme, la reprise de la politique de 1892 qui permet à nouveau d'assurer, depuis 1923, la stabilité de la monnaie et celle, relative, des prix, en dépit de l'accroissement de la circulation : ces variations de la circulation restent sans influence sur un change canalisé par les gold points.

La stabilisation monétaire provoqua tout d'abord une brusque crise de chômage, succédant à la prospérité factice du temps de l'inflation. Puis, avec la confiance, les capitaux exportés rentrèrent en Autriche, au cours de 1923, en même temps qu'affluèrent les capitaux étrangers attirés par le loyer élevé de l'argent et la sécurité financière nouvelle. Enfin, l'emprunt de la Société des Nations vint apporter au Gouvernement, avec l'autorisation du Commissaire général, un appoint considérable de 631 millions de couronnes-or (1).

---

(1) L'emprunt devait primitivement s'élever à 650 millions. En fait, il n'atteignit que 631 millions, sur lesquels 20 millions représentant la tranche suisse, n'ont pas été appelés.

L'année 1923 fut ainsi caractérisée par un afflux de capitaux venant de l'étranger. A la Bourse de Vienne, les valeurs nationales, qui n'avaient suivi que de loin la dépréciation de la couronne, triplèrent au cours de l'année. La Banque Nationale put améliorer notablement la couverture de ses billets : le pourcentage des réserves passa de 26 $\frac{1}{2}$, en janvier 1923, à 57 $\frac{1}{2}$, en janvier 1924, et ceci malgré l'accroissement de l'émission dû à une politique très large de l'escompte. D'autre part, l'industrie voyait s'accroître ses débouchés du fait de l'occupation de la Ruhr et le chômage allait en diminuant.

Malheureusement, l'amélioration de la situation financière et la forte progression des cours en Bourse poussèrent la population à spéculer, et lorsque fut déclanchée, au début de 1924, l'attaque contre la devise française, la finance autrichienne s'y engagea à fond : aussi la brusque revalorisation du franc, au mois de mars, fut-elle un effondrement sur la place de Vienne. De grands établissements furent mis en difficulté ou en faillite et l'on put craindre que cette grave secousse ne mit en péril l'œuvre si bien commencée. A la même époque, on assista à une forte baisse des valeurs à la Bourse où la notion de *rentabilité* succédait à celle de la valeur intrinsèque des entreprises. La dépression financière se poursuivit jusqu'en 1925. La Banque Nationale dut venir au secours des établissements les plus compromis et sacrifier une partie de ses réserves pour maintenir le change de la couronne ; ce fut du reste avec succès ; mais en août, le pourcentage des réserves par rapport à la circulation était tombé en six mois de 57 $\frac{1}{2}$ à 37 $\frac{1}{2}$ %. La Banque dut alors restreindre ses crédits, tant pour réduire l'inflation que pour éviter le retour des manœuvres spéculatives du début de l'année. Le taux de l'escompte fut porté de 9 à 12 %, le 5 juin 1924, et à 13 0/0, le 6 novembre. Cette politique de l'argent cher retint les capitaux étrangers ; leur appoint est indispensable dans ce pays où l'argent est rare (1). En 1925, le taux de la Banque put être ramené graduellement à 10 %, celui moyen de l'intérêt variant de 15 à 17 %. Les réserves ont dépassé à nouveau 57 0/0 de la circulation.

Pendant que s'adaptait ainsi au nouveau régime monétaire la vie économique du pays, le Gouvernement autrichien poursuivait avec énergie l'application des réformes établies par la Société des Nations. Dès son arrivée à Vienne, le Commissaire général, après avoir constaté les heureuses améliorations déjà effectuées, ne dissimulait pas qu'il restait encore fort à faire, et que le redressement financier définitif exigerait beaucoup de courage et d'énergie: « Les Protocoles de Genève exi« gent des réformes tellement énergiques que, seul, un « Gouvernement fort et hardi pourra être en mesure de « les réaliser... Dans cet ordre d'idées, il est évident que « le Gouvernement ne doit pas seulement disposer de « pouvoirs extraordinaires, mais qu'il lui faut encore la « volonté, le courage et la force de s'en servir ». (2)

Les résultats obtenus sont les meilleurs témoignages en faveur du Gouvernement autrichien. Conformément aux indications des Protocoles de Genève, les dépenses et les recettes furent établies en couronnes-or, et si les

____

(1) Les exigibilités des huit banques principales sont passées de 3612 millions de couronnes-or, en 1913, à 724 en 1923, et 1107 en 1924.

(2) Rapports mensuels du Commissaire général de la Société des Nations pour l'Autriche. Premier rapport (15 décembre 1922 - 15 janvier 1923) C. 41. 1923.

premières ne purent être réduites dans la proportion fixée, par contre les recettes dépassèrent de beaucoup les prévisions du Comité financier de la Société des Nations. Les budgets s'établirent en équilibre à l'époque fixée, 1924, avec un excédent remarquable sur les prévisions, ainsi qu'il ressort du tableau suivant:

en millions de couronnes-or

	1923		1924		1925	
	Prévisions	Compte clos	Prévisions	Compte clos	Prévisions	Compte clos
Solde budgétaire	— 129,7	— 57,1	+ 8,9	+ 62,9	14,1	

En 1923 et 1924, le nombre des fonctionnaires a été réduit de 76.287 au lieu de 100.000, chiffre prévu ; mais au fur et à mesure des renvois, la compression devenait plus difficile, car il fallait éviter la désorganisation des services. D'autre part, chaque mesure de renvoi entraînait d'assez lourdes indemnités à verser à l'intéressé. Aussi peut-on considérer comme satisfaisant le chiffre ci-dessus. En 1925, les dépenses furent accrues du fait de la hausse de la livre sterling à sa parité-or (1) ; la crise industrielle et financière diminuait en outre les recettes de l'Etat en entraînant un surcroît de secours à verser aux chômeurs.

Le redressement financier de l'Autriche n'en est pas moins remarquable, et rien ne peut en donner une meilleure idée que l'utilisation de l'emprunt de la Société des Nations, (seule ressource extraordinaire dont le Gouvernement ait usé). Cet emprunt mit à la disposition de

---

(1) L'Autriche voyait augmenter de ce fait le coût de l'intérêt et de l'amortissement de sa dette vis-à-vis de l'Angleterre.

l'Autriche 611 millions de couronnes-or, alors que le Comité Financier de Genève avait prévu la nécessité d'un montant total de 650 millions. Si l'on déduit les sommes immédiatement utilisées en remboursement d'emprunts antérieurs, soit 121,9 millions de couronnes-or, et la garantie de six mois d'intérêts s'élevant à 40,3 millions, il reste 448,8 millions de couronnes-or qui représentent le montant net de l'emprunt devant servir à couvrir les besoins ultérieurs du Trésor autrichien. Les utilisations furent :

Du 18 Novembre 1922 au 30 juin 1923 : 149,8 millions de couronnes-or.
Du 1er Juillet 1923 au 21 août 1925... : 112,2   »   »

Total. . 262 millions de couronnes-or.

Il est intéressant de rapprocher de ce chiffre le montant des dépenses en capital (avances à des Caisses d'Epargne, amélioration des voies ferrées et du matériel roulant, électrification, etc....) qui s'élevèrent durant la même période à 151,2 millions. Ces sortes de dépenses peuvent être considérées comme des placements, et il resterait, en les déduisant du total des utilisations, une somme de 110,8 millions de couronnes-or, soit 18 % seulement du produit de l'emprunt. Le surplus est réservé, pour une part importante, et placé pour le reste en valeurs ou entreprises industrielles.

Ainsi s'est fortifiée graduellement la situation financière et monétaire de ce pays. Fin 1924, une première loi de conversion fut édictée, la « loi sur le schilling », nouvelle unité d'argent, rattachée à l'or, équivalant à 10.000 couronnes-papier, ou 0,21172086 gramme d'or fin. Les premières pièces mises en circulation furent thésaurisées, à cause de leur forte teneur d'argent de 80 %. En

1925, cette teneur fut abaissée et depuis, elles circulent dans le public: il n'est point frappé encore de schillings-or (1). Le schilling d'argent constitue une monnaie fiduciaire : son poids est de 6 grammes : il contient 3,8 grammes d'argent fin.

Les statuts de la Banque prévoient, tout comme avant la guerre, le rétablissement du gold standard, mais à l'heure actuelle, l'Autriche est pratiquement placée sous le régime du Gold Exchange Standard, qui a pleinement assuré la stabilité de la devise nationale jusqu'ici et permis de renforcer considérablement les réserves-or de la Banque.

Au cours de 1925, la Société des Nations désigna trois experts chargés d'étudier la situation économique de l'Autriche. Dans leur rapport, ils constataient la pleine réussite de l'œuvre de stabilisation. « L'Autriche, disaient-ils, a donné la première en Europe l'exemple d'une stabilisation monétaire aujourd'hui pleinement réussie. Les réformes qui se sont accomplies depuis lors ont pris la sienne pour modèle. » (2)

* *

La situation financière de l'Autriche peut être considérée maintenant comme saine. Le 9 juin 1926, le Conseil de la Société des Nations, à l'unanimité, a décidé de lever le contrôle des finances autrichiennes, la mission

______

(1) Une émission réduite vient d'en être faite en juillet 1926. L'usage de ces pièces n'est pas encore courant.

(2) La Situation économique de l'Autriche. Rapport présenté au Conseil de la Société des Nations par W. T. LAYTON, C. H. et Charles RIST, Genève 19 aout 1925.

de son Commissaire général à Vienne devant prendre fin le 30 juin. En adressant ses remercîments au Conseil, le Chancelier d'Autriche, M. Ramek, ajoutait: « l'Autriche restera attachée aux heureux résultats de l'assainissement accompli et les développera dans l'avenir. ».

La stabilisation monétaire réalisée, il reste à l'étayer en améliorant la situation économique générale. Déjà en 1922, le Comité financier de la Société des Nations insistait sur ce point : « l'Autriche, même si elle parvient pendant un certain temps à établir une situation financière saine, ne pourra la maintenir telle et pourvoir aux besoins de sa population actuelle, qu'en augmentant et en adaptant sa production, de manière à équilibrer aussi sa balance commerciale (en tenant compte bien entendu de ses exportations invisibles qui sont considérables) ». Si le premier assainissement est réalisé, il reste encore à effectuer le second, très distinct. L'Autriche souffre d'une pénurie de capitaux. Dans ce pays appauvri, les fonds de roulement manquent aux industriels et les meilleures affaires ont dû payer en 1925 jusqu'à 28 % pour obtenir de l'argent. Les prix s'en ressentent nécessairement ; les possibilités de débouchés également.

Aujourd'hui, la situation s'est améliorée, sans être bonne encore. L'opinion autrichienne s'inquiète surtout du déficit de la balance commerciale. Il faut sans doute s'efforcer de le diminuer, mais il paraît vain d'obtenir sa disparition dans un pays organisé pour consommer plus qu'il ne peut produire. Il ne faut point perdre de vue qu'avant guerre, de grands pays subsistaient avec un déficit permanent de leur balance commerciale. Le remède pour l'Autriche doit être cherché principalement dans le développement et la restauration de Vienne, comme centre financier et distributeur des capitaux de l'Europe centrale. C'est là son rôle traditionnel. Vienne, organisée bancairement pour tenir une place prépondérante en Europe centrale et orientale, trouvera dans la répartition et le placement des crédits internationaux, les bénéfices qui lui permettront de régler le solde négatif de sa balance commerciale.

Il semble donc que le dernier pas à faire, après l'assainissement financier de la nouvelle République, soit la reconstitution du crédit autrichien: ainsi sera assuré le double équilibre du budget et de la balance des comptes, gage certain de la prospérité de tout pays.

CHAPITRE III

———

Hongrie

———

La Hongrie est, parmi les pays de l'Europe ayant gravement souffert de l'inflation, une des dernières venues à la stabilisation monétaire. Elle s'inspira de l'exemple autrichien, et, bien que son expérience soit encore toute récente, son étude présente de l'intérêt.

Trois périodes sont nettement marquées dans l'évolution de la monnaie hongroise après la guerre.

La première prend naissance à la fin du conflit européen. La Hongrie, sous le coup de la défaite, subit les plus graves troubles politiques et économiques ; deux révolutions et l'occupation étrangère se succèdent dans ce pays appauvri par la guerre, et auquel les Traités de Trianon ont enlevé une grande partie de son territoire, réduisant le revenu national de 6,708 milliards de couronnes-or, en 1914, à 2,600 (1).

L'inflation, tantôt poursuivie délibérément par le Gouvernement soviétique pour ruiner la valeur de la couronne, tantôt utilisée par le Gouvernement régulier

———

(1) Cf. — M. E. de Szaszy : Hongrie. *Revue des Sciences politiques*, janvier-mars 1925, p. 49.

pour combler le déficit budgétaire, ramena le change hongrois de 37.37 centimes suisses en octobre 1918, à 11,50 centimes en août 1919, et 1,15 centime le 20 décembre 1920. A ce taux, il n'était plus possible, sauf mesure exceptionnelle, d'établir un budget : la catastrophe économique paraissait inévitable.

C'est alors qu'arriva au Ministère des Finances, M. R. de Hegedüs, qui, témoignant de beaucoup de courage et d'énergie, entreprit un grand effort de restauration financière, marquant, du 20 décembre 1920 au 22 avril 1923, la seconde période de l'histoire monétaire hongroise. M. de Hegedüs voulut arrêter la chute de la couronne, sans faire appel à l'étranger, en supprimant tout d'abord le déficit budgétaire et par là toute cause d'inflation, pour compte de l'Etat. Pour se procurer, d'autre part, les ressources nécessaires, il taxa au taux de 20 % la valeur moyenne de toutes les formes du capital, mobilier et immobilier, cette imposition exceptionnelle frappant les biens et non les personnes. Afin de diminuer les dépenses budgétaires, il proposa de réduire uniformément l'intérêt de tous les emprunts publics, avec quelques atténuations au profit des victimes de la guerre et des fonctionnaires.

L'exécution de ce programme rencontra tout d'abord un grand succès. Le budget s'annonçait comme devant être en équilibre ; la confiance régnait à l'intérieur et à l'extérieur, et la couronne était cotée à Zurich, en Mai 1921, 2,85 centimes.

La réforme cependant devait échouer finalement : son auteur avait trop présumé peut-être des forces du pays; la contribution exceptionnelle sur la fortune donna bien vite des déceptions et la charge des réparations mit en

péril un équilibre budgétaire déjà fragile. La devise nationale perdit et au-delà, dans le second semestre de 1921,
son avance antérieure, et lorsqu'en novembre elle tomba à 0,64 centime les 100 couronnes, toute confiance
dans le relèvement du pays disparut.

Les détenteurs de couronnes, tant à l'intérieur qu'à
l'extérieur, voyant disparaître toute chance de revalorisation, transformèrent leur avoir en marchandises ou
en devises étrangères ; cette désaffection du public ne
fit qu'accélérer la chute du change national, et le gouvernement hongrois, désemparé, dut s'en remettre à
l'étranger du soin de rétablir dans le pays une situation
financière normale.

C'est alors qu'intervint la Société des Nations ; cette
troisième période est celle de la restauration progressive des finances du pays. La couronne hongroise sui-
vait la même pente qu'autrefois la couronne autrichienne ; toute baisse nouvelle accroissait le déficit budgétaire, les prévisions de dépenses se trouvant dépassées en cours d'exercice, et chaque déficit était un facteur d'inflation. La devise nationale ainsi entraînée dans
le cercle vicieux ne s'arrêta qu'au cours de 0,007 centime suisse. Le Gouvernement du Comte Bethlen, devant cette catastrophe, s'adressa le 22 avril 1923, à la
Commission des réparations, pour obtenir que fut levée
l'hypothèque dont le Traité de Trianon avait frappé
ses biens. Ceux-ci serviraient alors de gage à un grand
emprunt international, destiné à subvenir aux besoins
du Trésor pendant le temps nécessaire à l'assainissement progressif des finances hongroises. Des difficultés
d'ordre diplomatique empêchèrent cette demande d'aboutir immédiatement. Mais à la session de septembre 1923,

de la Société des Nations, le Conseil obtint de la Commission des réparations le principe de cette mainlevée, les deux organismes devant se mettre d'accord sur le plan de reconstruction qui serait appliqué à la Hongrie.

Au cours des derniers mois de 1923, un Comité financier élabora un programme, qui fut accepté par les divers Etats créanciers et par la Commission des réparations ; lors de la réunion du Conseil à Genève, en Mars 1924, les signatures furent échangées, et l'exécution du programme commença le 30 juin suivant.

Le plan de reconstruction était basé sur deux mesures essentielles : d'une part, la création d'une Banque Nationale, pleinement indépendante, ayant le monopole de l'émission et la responsabilité de la politique monétaire, d'autre part, équilibre budgétaire progressivement rétabli et devant être assuré au 30 juin 1926. Pour que soit arrêtée immédiatement l'inflation, et que l'on puisse stabiliser la couronne, un emprunt international de 250 millions de couronnes-or fut lancé, qui rencontra un grand succès. Grâce à cette aide, la planche à billets cessa de fonctionner pour le compte de l'Etat, et le change se stabilisa au cours de 0,007 centime suisse pour 100 couronnes.

Ce résultat ne fut pas atteint sans de lourds sacrifices. Au point de vue national, la Hongrie consentait à une certaine diminution de sa souveraineté : un commissaire général siège à Budapest depuis le premier mai 1924, contrôlant la préparation et l'exécution du budget, et des recettes sont affectées en garantie de l'emprunt international qui doit être amorti en vingt années. A l'intérieur, le Gouvernement hongrois exigea du Parlement, le 17 avril 1924, les pleins pouvoirs nécessaires pour poursuivre la restauration financière durant toute la période prévue, c'est-à-dire jusqu'au 30 juin 1926, selon les directives de la Société des Nations. Ces directives visaient à l'accroissement des recettes et à la diminution des dépenses, selon une progression régulière : le déficit prévu de 175,6 millions de couronnes-or pour le premier semestre de 1924 doit faire place durant le second semestre de 1926 à un excédent de recettes de 13 millions de couronnes-or. Ces prévisions paraissent devoir se réaliser : dès le début, elles furent dépassées, et si les économies n'ont point été obtenues aussi rapidement qu'il était indiqué, les accroissements de recettes furent par contre beaucoup plus considérables.

La Banque Nationale de Hongrie fonctionne régulièrement depuis le 24 juin 1924. Dès sa création, toute émission désordonnée des billets a disparu. La Banque sert de caissier à l'État et d'intermédiaire à toutes les autres banques, sur le modèle de la Banque de France. Elle est parfaitement indépendante vis-à-vis du gouvernement.

Le change hongrois paraît stabilisé et ne varie que faiblement autour du taux fixé. Le 30 juin 1926, le million de couronnes était coté à Genève, Francs suisses 72,25 (1).

-----

(1) Au cours de la session de juin 1926 du Conseil de la Société des Nations, le Comte Bethlen a demandé la levée du contrôle de la Société et la libre disposition du reliquat de l'emprunt international se montant à 82 millions de couronnes or. Le Comité de surveillance de la reconstruction financière de la Hongrie, comprenant, outre les représentants de la France, de l'Italie et de la Grande-Bretagne, trois délégués de la Petite Entente, mal influencé par les évènements politiques récents (affaire des faux billets de banque français), décida de repousser cette demande. Le contrôle reste maintenu sur les revenus gagés et sur le reliquat de l'emprunt

CHAPITRE IV

———

Tchéco-Slovaquie

———

« Pour l'économiste, le cas de la Tchéco-Slovaquie est
du plus haut intérêt. Il montre que l'inflation, avec
toutes les conséquences qu'elle engendre, est due non
pas à l'augmentation de la circulation prise en elle-
même, mais bien à l'accroissement exagéré du revenu
d'une grande partie de la population. Si la thèse mécanique, dite quantitative, était exacte, le cours du mark
et de la couronne autrichienne aurait dû baisser puisqu'en Allemagne, comme en Autriche, la circulation fiduciaire avait augmenté ; mais il n'y aurait eu aucune
raison, en revanche, pour que la couronne tchéco-slovaque subît le même sort, puisque la circulation, en Tchéco-Slovaquie n'avait marqué aucun accroissement. —
Or, la monnaie tchéco-slovaque subit une dépréciation
parallèle à celle du mark et de la couronne autrichienne » (1). C'est ainsi que M. Rasin, qui fut à deux reprises
ministre des Finances de Tchéco-Slovaquie, résumait

———

(1) M. Rasin « Les Finances de la Tchéco Slovaquie jusqu'à
la fin de 1921 ». *Trad. française par* A. Fischelle. *Paris 1923,*
p 120.

ce qui fait l'intérêt universel de l'expérience monétaire de son pays, intérêt accru du fait que cette expérience fut conduite par un gouvernement d'intellectuels : plus que d'autres, ils s'efforcèrent d'appliquer rigoureusement des principes traditionnels qu'ils durent ensuite assouplir pour les adapter au cas particulier de leur pays. Preuve nouvelle qu'en la matière, il n'y a pas de solution une, mais, pour chaque hypothèse, une méthode particulière, s'inspirant de lois générales. Il n'en faut pas conclure que ces lois sont périmées : la difficulté de leur mise en application n'enlève rien à leur efficacité.

Né du démembrement de l'empire austro-hongrois, le nouvel État Tchéco-Slovaque se trouva dès 1918 aux prises avec de graves difficultés. Une des premières préoccupations de son ministre des Finances, M. Rasin, fut alors de créer une monnaie autonome, afin d'éviter à son pays les troubles économiques qu'engendraient les émissions désordonnées de la Banque d'Autriche-Hongrie. L'opération ne put être pratiquée qu'entre le 26 Février et le 9 Mars 1919. Les émissions multiples, tant de la période de guerre que de l'année 1918, avaient avili le cours de la couronne tchéco-slovaque, quoique dans une proportion un peu moindre que celle de la couronne autrichienne. A Zurich, où les deux monnaies furent cotées séparément dès le 28 octobre 1918, Prague "faisait" 30 francs les 100 couronnes, contre 26 pour Vienne. Pour enrayer la chute de la devise nationale, M. Rasin établit un plan sévère s'inspirant des principes traditionnels de la théorie quantitative. Il décida, à l'occasion de l'estampillage des billets autrichiens, de

réduire la circulation de moitié (1). En fait, par suite
de diverses exemptions (sommes inférieures à 300
couronnes, billets des caisses de l'Etat, quart des trai-
tements et salaires), la réduction ne fut que de 28,69 %.
C'était encore considérable. Dans la quinzaine, le montant des billets fut ramené de Kr : 9.420.000.000 à
Kr : 6.638.500.000. Ce dernier montant représentait le
chiffre maximum d'émission désormais autorisée pour
compte de l'Etat ; par ailleurs, l'émission commerciale
restait libre.

Dans la pensée du ministre Rasin, cette amputation
devait provoquer simultanément hausse du change et
baisse des prix intérieurs. C'était conforme aux principes très généraux de la théorie quantitative. Or, on
n'observa rien de tel. Après une légère revalorisation,
résultat de l'effet moral produit, la couronne, à partir
de Juillet 1919, suivit à nouveau, mais de loin, dans
leur course erratique, les variations de valeur des
devises autrichiennes et allemandes. En octobre 1921,
le dollar valait à Prague Kr : 103,75 contre Kr : 19,50
en février 1919.

Quant aux prix intérieurs, les documents officiels
signalent leur élévation continue jusqu'à l'automne de
1921. La dépréciation intérieure de la monnaie correspondait ainsi à la dépréciation extérieure. Le gonflement
des prix entraînait nécessairement celui de la circulation,

---

(1) Cet estampillage avait pour but de différencier définiti-
vement les billets tchéco-slovaques du restant de la circulation de la Banque d'Autriche-Hongrie. Les paiements en billets non estampillés furent rigoureusement interdîts. L'estampillage fût tenu secret jusqu'à la dernière minute et pendant
toute sa durée (une quinzaine de jours), la frontière resta
fermée et toutes les communications avec l'étranger sus-
pendues.

tout au moins sous la forme moderne des avoirs en banque, lesquels peuvent, sur un court espace de temps, s'accroître beaucoup plus vite que le montant des billets émis (inflation-crédit). C'est ainsi qu'en Tchéco-Slovaquie, la circulation revint très vite à son chiffre antérieur, et le dépassa pour atteindre au plus haut 12 milliards de couronnes en Décembre 1921. A un niveau donné des prix correspond en effet une quantité déterminée de monnaie réelle ou de compte ; ce rapport est nécessaire et tend naturellement à se rétablir lorsqu'il a été faussé.

Cette action des prix sur la monnaie est d'ailleurs réciproque dans une certaine mesure (1): en l'absence d'inflation gouvernementale, la difficulté de payer les prix élevés, faute de moyens de paiement, sert de frein à la hausse. Et c'est en partie à cette action modératrice qu'est dû l'arrêt, en 1921, de la chute du change tchéco-

---

(1) Cette mesure est celle de la valeur même de la monnaie : si la dépréciation est trop importante, comme cela fut observé en Autriche et en Allemagne, une nouvelle chute du change entraîne une telle augmentation des prix en valeur nominale que l'inflation devient obligatoire si l'on veut éviter l'arrêt complet des transactions. Ainsi, lorsque le mark était au pair, une chute de valeur de moitié faisait passer le prix d'un objet donné de 10 à 15 ; l'absence de toute inflation rendant l'achat de cette marchandise plus difficile mais non impossible, pouvait freiner utilement la hausse, rétablir, par restriction des achats, la balance commerciale et tendre à ramener ainsi le mark à sa valeur antérieure. Mais lorsque la même devise est tombée à 1 millième de sa valeur or, le prix du même objet s'établissait à 10·000 marks ; à ce cours, une nouvelle chute de moitié entraînait pour lui une majoration de prix, au moins équivalente, et, à défaut d'inflation, les 5.000 marks supplémentaires, nécessaires pour son acquisition, la rendaient impossible. Pour éviter alors l'arrêt des affaires, il n'est d'autre ressource que de jeter de nouveaux billets dans la circulation. A partir d'un certain point de chute, l'inflation appelle ainsi l'inflation, et l'on ne peut plus éviter la catastrophe finale.

slovaque. Tandis que les gouvernements voisins d'Autriche et d'Allemagne se laissaient aller à la solution paresseuse des émissions à jet continu, dont chaque manifestation, en consolidant l'étape précédente de hausse des prix, ouvrait le champ à une suivante, le gouvernement tchéco-slovaque renonça dès 1919 à tout expédient monétaire ; la limite d'émission pour compte de l'Etat ne fût pas dépassée, et si le nombre des billets émis en contre-partie d'escompte de traites ou d'avances sur titres, allait sans cesse en augmentant, c'était du moins une inflation gagée commercialement.

Cette action mécanique fut renforcée de tous les heureux effets d'une saine politique financière. Des emprunts, tant intérieurs qu'extérieurs, permirent au Gouvernement de solder les premiers déficits budgétaires. La considérable progression des recettes à partir de 1921 et la réduction progressive des dépenses à partir de 1922 permirent d'approcher de l'équilibre. Le déficit de près de 5 milliards de couronnes en 1919 et en 1920, fut ramené à Kr 727.000.000, environ, en 1921. L'assainissement des finances publiques donna confiance à l'opinion étrangère et la spéculation se retourna dans un sens favorable au relèvement de la couronne. La balance commerciale, régulièrement créditrice (plus de 4 milliards en 1919, et de 5 milliards en 1920), avait permis au Gouvernement la constitution d'un gros portefeuille de devises étrangères. Cette réserve s'accrut en 1921 des investissements étrangers, — notamment de ceux que les Allemands et Autrichiens multipliaient pour sauver une partie de leurs capitaux de la ruine. — et, en 1922, du produit de l'emprunt international de £ 10.000.000 souscrit par les places de New-York, Londres et Amsterdam. Sous ces diverses influences, à l'origine desquelles il faut très certainement placer le redressement budgétaire, la couronne tchéco-slovaque perdit toute solidarité avec les monnaies allemandes et autrichiennes, et commença un mouvement en sens inverse de celui qui les conduisait à l'effondrement final.

Il a donc fallu attendre deux années en Tchéco-Slovaquie. pour constater les premiers symptômes d'une amélioration que l'on avait cru préparer par la déflation brutale de 1919. La réduction automatique des prix, que l'on escomptait alors, fit place à une élévation lente mais continue, correspondant à une baisse progressive du change, et qui entraîna le gonflement de la circulation au-delà de son chiffre antérieur. Par contre, lorsqu'en 1921, sous l'heureux effet moral résultant d'une saine politique, les capitaux étrangers vinrent renforcer le solde positif de la balance des comptes, la couronne ralentit d'abord sa chute, se stabilisa, puis s'orienta nettement, dès le mois de novembre, vers la hausse. Alors seulement, les prix commencèrent à baisser, puis, comme il est naturel, le mouvement s'accéléra aussitôt que déclanché, les vendeurs cherchant à se défaire au plus vite de stocks qui perdaient chaque jour de leur valeur nominale, tandis que les acheteurs boudaient, escomptant toujours des conditions plus favorables. Au cours de l'année 1922, l'index des prix de gros passa ainsi de 1875 à 999. Indirectement, cette baisse entraîna la déflation monétaire : les billets, dont on avait un moindre besoin, regagnèrent les banques, et l'afflux des dépôts provoqua la baisse du taux de l'intérêt, et, comme conséquence, du prix de revient. Profitant des circonstances favorables, le Gouvernement put amortir un grand nombre de billets qui fu-

rent détruits, sans que les transactions aient à en souffrir. De 12.000.000.000 en décembre 1921, la circulation
était réduite, au début de 1925, à moins de 8.000.000.000
de couronnes (1).

Il apparaît ainsi qu'en 1919, les promoteurs de la réforme monétaire tchéco-slovaque ont engagé leur politique au rebours de la direction qui s'est révélée par la
suite comme bonne. S'il est exact que la plupart des
actions et réactions économiques sont réciproques, l'expérience montre qu'elles agissent beaucoup plus rapidement dans un sens que dans l'autre. Tandis que l'action
de l'inflation sur les prix est presque immédiate, celle de
la déflation est très lente, souvent contrecarrée par les
circonstances; les prix, au contraire, paraissent agir plus
efficacement en faveur de la déflation, lorsqu'ils baissent;
cette baisse, dans un pays à monnaie instable, a pour
facteur principal la hausse du change national. En résumé, l'inflation pour compte de l'Etat est à l'origine du
désordre monétaire et du dérèglement économique; pour
revenir à une situation normale, en l'absence, bien entendu, de toute nouvelle émission non gagée commercialement, le remède doit être cherché d'abord dans la
hausse du change national qui provoquera la déflation
par son action sur les prix. Cette hausse du change a
pour condition essentielle, une politique budgétaire
saine.

____

(1) A cet amortissement a été affecté le produit de l'impôt
sur le capital et sur l'enrichissement, tous deux institués
par le ministre Rasin, et qui au 31 janvier 1925 avaient donné
plus de 4 milliards de couronnes.

Il nous reste à voir comment se sont consolidés les heureux résultats de cette politique, en Tchéco-Slovaquie, à partir de 1921. Au cours de 1922, les réserves-or ne cessèrent de s'accroître à l'Office bancaire chargé de les centraliser. A partir de cette année, et sans que le Gouvernement ait jugé bon de fixer un taux fixe de conversion, l'Office intervint sur le marché, achetant et vendant des traites sur l'étranger à un taux voisin de 340 couronnes par 100 dollars. La situation économique, gravement troublée en 1922 par la hausse rapide du change national, s'améliora à partir de 1923 (1); le solde créditeur de la balance commerciale allait en diminuant avec la hausse de la couronne, mais atteignait encore Kr : 2.351 millions en 1923, et Kr : 1.160 en 1924. La revalorisation n'allait pas sans gêner considérablement le monde des affaires et la politique de déflation gouvernementale provoqua en 1925 une grave crise de crédit. Il semblait que l'on était arrivé alors au point où la compression était suffisante. Selon le procédé classique, le Gouvernement eut recours à l'emprunt extérieur et intérieur en devises pour fournir une base métallique à son « résidu d'inflation ». L'Office bancaire fit place à la fin de 1925 à une Banque Nationale au capital — partie en couronnes, partie en dollars — de 413 millions de couronnes environ. La circulation s'élevant au 15 novembre 1925 à un total de Kr : 8.401 millions (2), et l'encaisse (3)

---

(1) A la fin de 1922, le nombre des chômeurs s'élevait à 278.000. Fin 1923, il était ramené à 73.000.

(2) Ce montant représente le total des billets en circulation et des comptes courants créditeurs.

(3) Cette encaisse comprenait le produit de la liquidation de l'ancienne Banque d'Autriche-Hongrie, les disponibilités de l'Office bancaire à l'étranger, le solde de l'emprunt international de 1922, le capital de la nouvelle Banque, et la moitié de l'emprunt en dollars émis pour gager le résidu d'inflation.

de la Banque à celui de Kr : 2.754 millions, la couverture représentait tout près de 33 %. Proportion un peu faible ; mais, grâce à la permanence d'une balance des comptes favorable, la Banque a pu maintenir sans variation jusqu'à ce jour la couronne tchéco-slovaque à son taux officiel. Le change sur Londres, dont le pair était de Kr : 24,02 pour 1 £, s'établit depuis le début de 1926 aux environs de Kr : 164 1/4. Les 100 Krs sont cotés à Genève F. S.: 15,30 environ.

La Tchéco-Slovaquie est ainsi entrée dans la période de la stabilisation monétaire officielle. Mise à part la courte période de démagogie qui menaça de la ruiner en 1920, elle doit son relèvement à l'énergie de ses chefs et à la discipline d'une population qui sut se plier aux sacrifices nécessaires. S'il lui reste un pas à faire dans la voie des économies, c'est au Gouvernement qu'il faut s'adresser. Les particuliers l'ont devancé en réduisant les salaires et les profits, tandis que les dépenses budgétaires restent considérables. Dès à présent, cependant, on peut voir un indice favorable dans la réduction légère des dépenses depuis 1923 et l'abandon déjà opéré de certains monopoles, qui furent avantageusement remplacés par des taxes indirectes à rendement supérieur.

CHAPITRE V

Allemagne

L'histoire monétaire de l'Allemagne, depuis la défaite jusqu'à la chute finale du mark, est trop présente à tous les esprits, pour qu'il soit nécessaire d'en retracer ici les différentes étapes. Quelques chiffres suffiront à montrer l'importance de cette évolution dont nous ne rappellerons pas les causes politiques.

De 1920 à 1923, les déficits budgétaires, évalués en marks-or, atteignirent au total: 19.082 millions de marks-or. Pour combler cette différence, le gouvernement allemand eut recours à l'inflation. Ce « remède », conformément au cycle connu, devint bien vite lui-même générateur du mal. De chute en chute, le mark-papier se déprécia dans une proportion telle, qu'il en fallut jusqu'à 2 trillions (1) environ, au plus bas, pour obtenir 1 mark-or. A la même époque, la dette flottante atteignait le chiffre invraisemblable de: 6.907.511.103 milliards de marks-papier. Le mark restait monnaie légale,

---

(1) Nous employons ici le terme *trillion* au sens français de 1.000 milliards· ; en Allemagne, ce même nombre est appelé *billion* et le trillion allemand équivaut ainsi à 1 million de milliards.

mais personne n'en voulait plus. Les emprunts étaient tous conclus en or ou en valeurs matérielles : charbon, blé, kilowatts, etc... La situation était telle que la réforme monétaire ne pouvait plus être retardée.

La première réforme à accomplir consistait à doter le pays d'une monnaie nouvelle pour remplacer l'ancien mark qui avait perdu toute valeur. Tant que cette première tâche ne serait pas accomplie, tout effort vers l'équilibre budgétaire, toutes les prévisions et évaluations étaient vains. Dans l'impossibilité où il se trouvait d'instaurer une circulation basée sur l'or (1), le gouvernement allemand, poussé par les partis agrarien et ouvrier, décida d'émettre des billets gagés par des « valeurs réelles ». Une ordonnance du 15 octobre 1923 créa une nouvelle banque d'émission, la « Rentenbank », au capital de 3.200 millions marks-or, consistant en une hypothèque générale grevant tout le capital productif allemand, — une moitié frappant l'agriculture, et l'autre, le commerce, l'industrie et les banques, — à raison de 4 % de la valeur. Cette créance n'était pas exigible, mais s'ils ne se libéraient (en or ou monnaies étrangères), les débiteurs étaient tenus de servir à la Rentenbank un intérêt de 6 %. La nouvelle banque, munie de ce gage extraordinaire, illiquide et irréalisable, émettait en contrepartie des billets appelés « Rentenmarks », sans cours forcé, mais acceptés par les caisses publiques au pair du mark-or. Ils n'étaient remboursables qu'en « lettres de rente » (*Rentenbriefe*), portant intérêt à 5 %. En même temps, l'émission des marks-papier était arrêtée. La mise

---

(1) L'encaisse de la Reichsbank n'atteignait en Septembre 1923 que · M. O. 469.727.000. D'autre part, un recours à l'étranger paraissait voué à un échec certain.

en circulation des nouveaux billets commença le 15 novembre 1923. La spéculation étrangère, d'abord méfian-
te, se retourna, et le dollar, après avoir coté à New-
York, le 26 novembre, 8,3 trillions de marks, se stabilisa vite au cours de 4,2 trillions, correspondant à la
parité or fixée. L'échange des *rentenmarks* se faisait en
effet sur la base de 1 *rentenmark* = 1 trillion marks-
papier = 1 mark-or = 1/4,2 dollar. La Reichsbank parvint à stabiliser l'ensemble de la circulation allemande,
aux environs de ce cours, pendant de longs mois, donnant ainsi au gouvernement le répit nécessaire au rétablissement financier.

L'arrêt de l'inflation, décidé en octobre 1923, privait
l'Etat de toute ressource. La Trésorerie, qui ne vivait
que d'expédients depuis plusieurs années, se trouvait
très strictement démunie du jour au lendemain (1). Aussi
l'ordonnance du 15 octobre ouvrait-elle au Gouvernement, auprès de la Rentenbank, un crédit de 1.200 millions de *rentenmarks*, dont 300 sans intérêts (2), le surplus à 6 %. De son côté, la Reichsbank, pour lui permettre de parer à la crise de crédit qu'entraînerait l'arrêt
de l'inflation, se voyait ouvrir un crédit équivalent, de
1.200 millions, à répartir entre elle et les autres banques
d'émission.

La Rentenbank devait s'abstenir de toute autre opération de banque, notamment de toute ouverture de crédit
en faveur de particuliers ou de Sociétés.

Ce système, compliqué au premier abord, fut à l'ori-

______

(1) L'arrêt de l'inflation emportait suppression de la faculté de présenter des Bons du Trésor à l'escompte de la
Reichsbank.
(2) Ces 300 millions étaient affectés au remboursement des
Bons du Trésor, escomptés par la Reichsbank.

gine du redressement monétaire en Allemagne. Le mark-rente ne pouvait être qu'une étape vers le rétablissement de la monnaie-or décidé en principe. Dès son apparition, il se maintint à peu près au pair du mark-or, bien que le cours n'en fut pas officiel. Son succès vint uniquement de la confiance qui lui fut accordée et du désir général en Allemagne de retrouver une monnaie stable. Le principal danger provenait des exigences du Reich. Le crédit de 1.200 millions était déjà épuisé en décembre 1923. En dépit des sollicitations pressantes du Gouvernement, la Rentenbank refusa d'en ouvrir un nouveau. Pour se procurer les ressources immédiatement nécessaires, l'État émit des bons à court terme, libellés en *rentenmarks* et souscrits par le public à des taux variant de 8 à 9 %. L'émission en fut heureusement limitée, car elle aurait pu entraîner une inflation nouvelle.

Un autre danger résultait du rétrécissement monétaire. L'ancienne circulation s'était dépréciée bien plus vite en valeur-or qu'elle ne s'accroissait en marks-papier, et, au 31 octobre 1923, elle ne représentait plus que 300 millions de marks-or, soit environ 4,95 % de sa valeur d'avant-guerre. L'arrêt de l'inflation devait rendre brusquement tangible cette réduction considérable et multiplier les demandes de crédit de la part du commerce. Effectivement l'émission commerciale, non suspendue, s'accrut à la Reichsbank dans une proportion telle qu'elle risquait d'entraîner le Rentenmark vers la chute. Le change fléchit au début de 1924, mais ce fut un phénomène passager, grâce à la restriction des crédits, et aux interventions que put pratiquer la Reichsbank, chez qui avait été créée une centrale des devises avec monopole.

L'année 1924 devait, du reste, marquer un changement complet dans la situation économique de l'Allemagne. Avec la confiance retrouvée par l'arrêt de l'inflation, la panique avait cessé. L'ancienne « fuite devant le mark » (*Flucht aus der Mark*) fit place à des conversions de devises étrangères en monnaie nationale. Les prix baissèrent de 15 à 20 % en deux mois, et l'on assista à la reprise de l'épargne. Avec la stabilité relative de la monnaie, les calculs du commerce et de l'industrie retrouvèrent un fondement, ainsi que ceux du Gouvernement qui put à nouveau prendre des mesures pour rétablir l'équilibre budgétaire.

L'œuvre d'assainissement financier porta d'abord sur la réduction des dépenses, plus facile à obtenir en ce pays, par la cessation de subsides politiques ruineux. Dès le 15 novembre, la réduction, opérée notamment sur les subventions accordées à la Ruhr et à divers Offices et municipalités, permit de ramener les dépenses budgétaires à un chiffre relativement faible, et qui s'explique surtout par la disparition de la dette publique. Les recettes furent améliorées par trois ordonnances en dates des 7 et 19 décembre 1923 et 14 février 1924. Le Gouvernement avait recours à un nouvel aménagement des impôts existants, plutôt qu'à la création de taxes nouvelles. Les prévisions budgétaires furent dépassées de 1.79 % pour les dépenses, 26 0/0 pour les recettes, et le premier semestre de l'exercice financier commencé au 1er avril 1924, accusait, après rachat de la dette intérieure, un excédent de 148 millions de marks-or, déduction faite des paiements au titre des Réparations.

L'amélioration très nette dans le domaine des finances publiques coïncidait avec une crise des plus graves dans l'industrie et le commerce. Lorsque, le 7 avril 1924, la Reichsbank décida de restreindre les crédits, les entreprises se trouvèrent démunies de tout fonds de roulement. Le loyer de l'argent atteignit des taux jusqu'alors inconnus, s'établissant couramment au-delà de 20 %. Pour atténuer les fâcheuses conséquences de cet état de choses, il fut créé à la même date une banque d'escompte, la « Golddiskontbank », chargée de fournir aux industriels les fonds dont ils auraient besoin, par l'intermédiaire de l'étranger. Disposant d'un capital de 10 millions sterling, souscrit moitié par la Reichsbank et moitié par 140 établissements financiers, la « Golddiskontbank » put se faire consentir en outre des crédits à l'étranger : £ 5.000.000 en Angleterre. F. S. 25.000.000 en Suisse. $ 25.000.000 aux Etats-Unis. La Banque d'escompte émettait des billets libellés en *Livres*, pour un montant maximum de £ 5.000.000, sans cours légal, et non admis dans les caisses publiques. Du 7 avril, date de sa fondation, au 23 août 1924, époque où la Reichsbank relâcha sa politique de restrictions, la « Golddiskontbank » escompta ou réescompta des traites pour un total de 75 millions sterling. La crise en fut bien atténuée, mais resta grave, les industriels allemands n'ayant pas compris que si, en période d'inflation, toutes les disponibilités doivent être employées immédiatement en capitaux fixes, au contraire, en période de stabilisation, le premier souci des chefs d'entreprises doit être dans le renforcement du fonds de roulement. La balance commerciale était déficitaire de 321 millions de marks-or en avril 1924, de 354 en mai. Le mouvement, s'il avait continué, aurait compromis toute l'œuvre d'assainissement monétaire. Il fut heureusement compensé par l'afflux des capitaux étrangers jusqu'au mois d'août où la situation se rétablit progressivement. La Reichsbank augmenta alors de 10 % son contingent de traites escomptées, et cette mesure rendit un peu de souplesse aux trésoreries privées, qui commençaient déjà à bénéficier, par ailleurs, de l'amélioration monétaire et de la reconstitution de l'épargne.

L'Allemagne paraissait alors mûre pour le rétablissement de l'étalon d'or. Ses finances publiques, par la disparition de la dette intérieure, se retrouvaient des plus prospères, tandis que son industrie, grande bénéficiaire de l'inflation, et soutenue depuis par les crédits étrangers, était prête à reconquérir, sur les marchés mondiaux, toute son ancienne suprématie.

A l'intérieur, le pays tout entier réclamait l'achèvement de la réforme. A l'extérieur, les Etats créanciers s'y trouvaient également intéressés. Dans le rapport du Comité Dawes, il était constaté que la stabilité du *rentenmark* « ne peut être que temporaire ». Les membres du Comité, avec l'aide de l'actif président de la Reichsbank, Dr Schacht, établirent le plan général du rétablissement de l'étalon d'or, laissant à un Comité spécial de deux membres — Dr Schacht, et l'expert anglais sir Arthur Kindersley — le soin de le compléter par des dispositions particulières. Le plan Dawes, légèrement modifié par ce Comité, fut accepté par le Gouvernement allemand et sanctionné par la Loi monétaire du 30 août 1924.

Selon une prescription essentielle du Plan, il était spécifié que la Reichsbank, maintenue dans son ancien rôle, « est une banque indépendante du Reich ». Au capital de 300 millions de marks-or, elle a le privilège de l'émis-

sion (conjointement avec les 4 autres banques d'émission
dont le contingent est limité à 194 millions). Ses billets,
libellés en *Reichsmarks* ont seuls cours légal, et doivent
être garantis par une réserve minimum de 40 % en or ou
devises-or. Au-dessus de ce pourcentage, un impôt fiduciaire progressif est perçu par le Gouvernement. Les
anciens billets, libellés en marks, doivent être retirés
progressivement sur la base en vigueur de 1 trillion
marks-papier = 1 *rentenmark* = 1 mark-or = 1 *Reichsmark*. La convertibilité-or est provisoirement suspendue.
Des monnaies divisionnaires sont également créées et
rattachées au *Reichsmark*. L'émission en est limitée à
20 *reichsmarks* par tête d'habitant.

Le retrait prévu des *rentenmarks* et la liquidation de
la Rentenbank doivent s'opérer progressivement, en dix
années, par la liquidation des crédits accordés à l'Etat
et aux banques d'émission.

Ainsi fut réalisé le retour de l'Allemagne à l'étalon
d'or. Le redressement, habilement conçu, fut rapidement
exécuté, mais, ainsi qu'on l'a fait observer, l'admiration
« s'atténue lorsque l'on songe que l'Allemagne a peu
souffert depuis la fin de la résistance passive et ne s'est
imposée que des sacrifices restreints. Si elle a pu consacrer tous ses efforts à l'assainissement de sa monnaie,
c'est qu'elle a su confier aux capitaux étrangers le soin
de soutenir son économie... Il n'en est pas moins vrai
que l'Allemagne a su attirer ces capitaux grâce à la
confiance inspirée par un effort fondé sur les deux
principes invariables d'une vie nationale saine : le travail
et l'autorité » (1).

____

(1) *Revue Politique et Parlementaire*, 10 mai 1925, XXX, L'assainissement monétaire allemand.

L'année 1925 a vu l'Allemagne redevenir au moins aussi puissante qu'avant guerre sur les terrains financier, budgétaire et économique. Au 30 juin, l'émission des *reichsmarks* se montait à 2.363 millions, dont la couverture en or atteignait 44 %, en or et devises 58,7. Le Dr Schacht prévoit que la circulation en atteindra le chiffre de 5 milliards qui était celui d'avant-guerre (1). Le change sur New-York reste fixé à 4,20.

L'amélioration générale constatée en 1925 s'est encore développée dans le premier semestre de 1926. Le meilleur symptôme en est dans l'abaissement du taux de l'escompte de la Reichsbank, ramené à 7 % le 27 mars, à 6 $\frac{1}{2}$ le 7 juin, et à 6 % le 16 juillet. Le nombre des chômeurs et celui des faillites sont en régression et les bourses de valeur se montrent optimistes. Des progrès remarquables tendent à accroitre la production et améliorer le prix de revient: les exportations sont en notable excédent.

------

(1) Il est à observer que l'or a, depuis, perdu environ 40 % de sa valeur : les prix se sont enflés d'autant et pour retrouver l'élasticité monétaire d'avant-guerre, la circulation devrait s'accroître dans la même proportion. Pour le cas particulier de l'Allemagne, les diminutions de territoire consécutives à sa défaite apportent un correctif peut-être équivalent et la république actuelle n'aurait alors pas besoin d'un volume monétaire supérieur à celui de l'ancien empire .

CHAPITRE VI

Pologne

Nous ne citerons que pour mémoire le cas de la Pologne, dont la réforme monétaire, par sa technique et ses conséquences se rapproche de celles déjà étudiées (1).

Plus qu'aucun autre pays, la Pologne eut à accomplir l'effort le plus dur pour créer chez elle, ces années dernières, une monnaie saine. Née du démembrement ou de la défaite de trois empires, elle se trouvait privée de toute organisation administrative, avec des éléments de population de langues et de coutumes différentes, et une circulation monétaire bigarrée, faite de marks allemands, de couronnes austro-hongroises et de roubles russes. En outre de toutes ces difficultés, ce pays eut à soutenir, dès sa création, une guerre ruineuse contre le bolchevisme russe. Le gouvernement, pris au dépourvu,

---

(1) On peut trouver l'exposé complet de la réforme polonaise dans un ouvrage précis et documenté de M. PIERRE-GEORGES MARTIN : La Stabilisation et le retour à la Monnaie or. *Paris R. Guillon*, 1925.

fit du mark polonais la devise officielle, et ne pouvant résoudre les difficultés insurmontables en face desquelles il se trouvait, il eut recours à l'inflation à outrance jusqu'en 1923. Au premier février 1924, la circulation atteignait 517.700 milliards de marks polonais, et le dollar, dont le pair théorique était de 4,12 marks, atteignait le cours de 10 millions.

S'inspirant du principe allemand d'une monnaie nouvelle, au lieu du système autrichien de stabilisation, le gouvernement polonais, par décret du 20 janvier 1924, institua, comme étalon national de la valeur, le *zloty* = 1 franc or = 0,31ᵉ d'un gramme d'or pur = 1 million de marks polonais. L'échange, commencé aussitôt, prit fin en mai 1925.

L'exercice 1924 vit disparaître pour la première fois les déficits budgétaires considérables des premières années. Sa préparation témoignait du reste d'un effort énergique : disposant des pleins pouvoirs (15 janvier 1924), le gouvernement augmenta les impôts directs et indirects, renvoya 30.000 fonctionnaires, contracta des emprunts à l'étranger, aliéna certains monopoles, etc...

L'inflation fut arrêtée le 1ᵉʳ février 1924.

Le *zloty* se maintint d'abord au pair, et l'on put croire à la réussite définitive de la réforme. Mais, subitement, le 29 juillet 1925, fut déclanchée à la Bourse de Berlin, contre la devise polonaise, une offensive qui lui fit perdre le jour même onze points. Accompagné de toute une campagne de fausses nouvelles, le mouvement gagna les autres Bourses, et la dépréciation ne put être enrayée. L'Allemagne, à la même époque, rompait les relations commerciales avec la Pologne.

La chute du change polonais, pour avoir été provoquée artificiellement, prouve cependant qu'il était vulnérable. L'édifice avait été trop rapidement construit, et sa solidité s'en ressentait. Les conditions essentielles de la bonne tenue du nouvel étalon n'étaient pas assurées. Au point de vue budgétaire, l'impôt sur la fortune avait donné les déboires habituels, et le budget de 1925, au mois de juillet, laissait déjà prévoir un déficit. Mais l'obstacle le plus important à la stabilité monétaire résultait, au moment de l'attaque allemande, de la comparaison entre les importations et les exportations : après la fausse prospérité des années d'inflation, la balance commerciale, pour le premier semestre seulement de l'année 1925, accusait un déficit de 421.5 millions de *zlotys*.

Dans ce pays, le plus gravement atteint de toute l'Europe par la guerre, et, par suite, le moins préparé à fournir l'effort qu'il a donné, l'économie nationale ne pouvait s'adapter rapidement à l'étalon d'or. Il eut fallu procéder par étapes. Parmi les facteurs qui expliquent la chute du change en 1925, il en est heureusement d'accidentels (principalement les mauvaises récoltes de l'année précédente). Par ailleurs, on peut observer certains symptômes favorables, tels que la présence à l'étranger de nombreux émigrés polonais, dont les envois d'argent sont destinés à influencer heureusement la balance des comptes.

L'année 1926, en dépit des secousses politiques dont elle a été marquée, paraît devoir s'écouler dans de bonnes conditions. Le change manifeste une stabilité remarquable aux environs de 50 zlt pour une livre sterling. Malgré l'hostilité de l'Allemagne, la balance commerciale se restaure progressivement. Si le loyer de l'argent reste très élevé (un récent arrêté du Ministre des Finances a fixé le taux maximum autorisé à 20 %), il y a cependant une amélioration, et la Banque de Pologne a ramené de 12 à 10 % le taux de son escompte. Il est à souhaiter que les capitaux étrangers viennent bientôt apporter l'aisance sur le marché monétaire, faisant disparaitre le plus grave obstacle au rétablissement définitif d'une économie nationale prospère.

CHAPITRE VII

Belgique

La Belgique se trouve, depuis janvier 1926, en pleine bataille pour son franc. La nouvelle tentative de stabilisation due au gouvernement de M. Jaspar, ne peut encore supporter un jugement d'ensemble, chaque jour apportant des décisions nouvelles. Mais l'essai tenté au cours du premier trimestre de cette année par M. Janssen nous offre un exemple précieux de ce que la France doit éviter pour sa restauration monétaire. L'échec subi par nos voisins constitue pour nous un avertissement gratuit dont nous ne devons pas négliger l'enseignement qu'il comporte pour nous comme pour eux.

A l'origine de la chute du franc belge, il faut placer l'inflation, provenant elle-même de l'échange, après l'armistice, des monnaies allemandes laissées par les troupes d'occupation. Cet échange, fait au pair, entraîna l'émission d'environ six milliards de francs belges, et le change ainsi que les prix intérieurs traduisirent bien vite la dépréciation du billet. La Banque de Belgique insista vivement et à plusieurs reprises pour obtenir le remboursement de ses « Avances à l'Etat »; mais ce fut en vain, les budgets annuels se soldant régulièrement par un déficit, et les paiements allemands étant sans cesse retardés. Cependant, le franc belge accompagnait, dans sa chute continue, la devise française. Le gouvernement belge entreprit d'isoler le change de son pays, et, tout au moins,. de le stabiliser, sans préjuger d'une revalorisation ultérieure possible.

Les négociations commencèrent, en 1925, pour le règlement de la dette extérieure. Une fois l'accord intervenu (1), le gouvernement, débarrassé à cette date du souci des Réparations, et ayant établi pour 1926 un budget théoriquement équilibré, estima venue l'heure de dresser un plan de stabilisation monétaire. Ce fut l'objet des projets financiers du ministre Janssen, déposés le 10 novembre 1925.

L'idée mère en était la dissociation du crédit de l'Etat d'avec celui du billet de banque. Pour cela, il fallait que l'Etat rembourse à la Banque la plus grande partie de ses avances. En octobre 1925, sur une circulation totale de F. b.: 7.600.000.000, les billets émis pour compte de l'Etat, sans autre garantie, atteignaient encore F. b.: 5.680.000.000, soit les trois quarts. Il fut décidé que le gouvernement rembourserait 4 milliards, de suite. le solde en trente années. Il restait alors à supprimer un autre défaut essentiel du billet belge, à savoir le cours forcé. Pour pouvoir revenir à la convertibilité-or, le

---

(1) La dette extérieure, en mars 1926, représentait environ F. b. 5.740 millions. Par une mesure spéciale, la « Commission Américaine des Dettes » a ramené environ au quart le montant de la dette belge aux Etat-Unis.

gouvernement emprunte 150 millions de dollars, qui, au taux de 100 F. b. la livre sterling, représentent environ 3 milliards de francs. D'autre part, la réévaluation de l'encaisse or de la Banque de Belgique (F. b. : 380 millions) sur la même base (indice 4), procurait un supplément de 1 milliard, dont bénéficie l'Etat. Cette somme, jointe au produit de l'emprunt-dollars, représente les 4 milliards que le gouvernement remet à la Banque pour l'amortissement massif des trois quarts de sa dette envers l'Institut d'émission.

En somme, rien de changé dans le montant de la circulation, mais elle est rattachée d'emblée à l'or. Le gouvernement substitue à sa dette vis-à-vis de la Banque, une dette vis-à-vis des financiers étrangers. C'est le très grave danger de la réforme. Ce fut un des motifs de son échec. Par ailleurs, la Banque de Belgique voyait son encaisse considérablement accrue, et représentant plus de la moitié de la circulation, proportion largement suffisante, en temps normal, pour soutenir le change.

Le projet fut approuvé à une très grosse majorité, et sans retouches importantes, par le Parlement. Le cours de conversion, fixé par décret, correspondait à la parité de 107 pour une livre sterling : depuis septembre 1925, le change était stabilisé aux environs de ce cours. La Banque de Belgique, selon le mécanisme des Caisses de conversion, achetait ou vendait libéralement des devises dès que le franc belge esquissait un mouvement de hausse ou de baisse.

Certains techniciens, cependant, formulaient des réserves sur la réussite finale. La réforme était accompagnée de la « promesse » d'un budget pour la première fois équilibré, et l'on pouvait craindre que la stabilisation monétaire. avec ses répercussions inévitables, ne mette en danger cet équilibre. En outre de la menace constituée par plus de 5 milliards et demi de dette flottante, la hausse future des prix était un grave écueil: si la consommation ne diminue proportionnellement, l'inflation est inévitable. Ainsi, tout le problème financier devait être subordonné à l'attitude politique du Gouvernement. Cette attitude d'un ministère socialiste et démocrate-chrétien ne donna pas une confiance absolue aux banquiers étrangers. Après avoir promis leur concours, et sans revenir formellement sur leurs promesses, ils déclarèrent vouloir réduire le montant de l'emprunt de stabilisation. Puis, sous prétexte de s'assurer des garanties, ils émirent en mars 1926 des prétentions telles (abandon par l'Etat des chemins de fer, des postes, télégraphes, téléphones), qu'elles correspondaient à la mise en tutelle du pays par la finance anglo-saxonne. M. Janssen ne put obtenir l'exécution pure et simple des promesses antérieures, et la chute de son ministère marqua l'échec de la réforme. La Banque de Belgique qui, depuis huit à neuf mois, soutenait le change national, donna alors des signes d'épuisement ; les reports sur le franc belge se tendirent de façon inquiétante vers le 20 mars, puis, devant la chute brutale, la Banque cessa ses interventions. Elle avait dépensé 400 millions en pure perte, dans cette lutte inégale.

Cet échec montre d'abord le danger de s'en remettre trop exclusivement aux crédits extérieurs, pour stabiliser une devise. Ces crédits, le plus souvent nécessaires, doivent servir d'appui à un effort surtout intérieur. Dans le cas contraire, un pays se place sous la tutelle de la finance étrangère, et toutes les considérations d'amour-propre national devront s'incliner devant la nécessité de fournir des gages en compensation de dettes non remboursées à l'échéance. C'est ce que l'on a justement appelé depuis le « mécanisme de l'étranglement ».

Mais une autre leçon se dégage de l'expérience du ministre Janssen: c'est qu'une stabilisation monétaire ne se décrète pas : elle se prépare. Il faut préparer la Trésorerie, préparer le budget, préparer toute l'économie privée. L'erreur du gouvernement belge fut de spéculer trop audacieusement sur l'effet d'un plan technique, d'ailleurs remarquable. Mais, pour n'avoir pas été soutenu par toutes les forces économiques du pays, il échoua finalement, la balance des comptes étant déficitaire. « Il est sans exemple, dit M. Lucien Romier, que des formules de technique monétaire aient triomphé à elles seules des circonstances générales qui font qu'une monnaie se déprécie ». C'est à ces circonstances générales qu'il faut d'abord apporter un remède. Lorsque cette médication a produit ses effets, — et la preuve en est fournie par la tendance de la monnaie à la hausse, — alors seulement, on peut songer à la médication spécialement monétaire. En d'autres termes, ce n'est pas en période de chute que peut se faire la stabilisation: elle doit intervenir contre la hausse de la devise, et s'appuyer d'abord sur une économie nationale saine, avant d'avoir recours à l'aide étrangère. Telle doit être la conduite d'un Etat fort et indépendant, s'il ne veut subir tôt ou tard l'humiliation nationale d'un autre plan Dawes.

A la suite de cette tentative malheureuse, la Belgique a connu à nouveau les variations désordonnées du change, variations d'une amplitude considérable correspondant à une situation financière nouvellement amoindrie (1). Mais la situation politique offre des symptômes favorables. L'union nationale supprimant les luttes de partis, un nouveau ministère s'est constitué sous la présidence de M. Jaspar avec M. Francqui au ministère du Trésor. A la fin de juillet 1926, les pleins pouvoirs furent accordés au Roi, par le Parlement, dans le domaine financier. Les impôts furent considérablement renforcés (2) et l'on frappa la propriété immobilière d'une taxe exceptionnelle. La poutre maîtresse du nouveau projet financier consiste en la création d'une Caisse d'amortissement, alimentée par l'impôt, et destinée à rembourser les dernières avances de la Banque Nationale, ainsi qu'une partie de la dette consolidée. A défaut de toute autre solution possible, M. Francqui décida de convertir la dette flottante en valeurs à long terme, gagées sur les chemins de fer. Enfin sont intervenues, et interviennent encore, des mesures restrictives de la consommation, pour rendre possible une légère déflation monétaire. Lorsque ces remèdes généraux auront agi efficacement, que la balance des Comptes sera active et le montant de la circulation en voie de diminution, on pourra songer à nouveau à une stabilisation légale, basée sur la stabilisation de fait que le change aura traduite préalablement.

---

(1) En juillet 1926, on a coté jusqu'à 250 francs belges pour une livre sterling.

(2) Pour la première fois fut imposée la bière, boisson nationale par excellence.

La Stabilisation monétaire et la Convertibilité-or.

CHAPITRE PREMIER

Les conditions de la stabilisation.

Les exemples précédents ont montré la nocivité de
l'inflation sous toutes ses formes, inflation-argent lorsque
le cours du métal a fléchi par rapport à l'or, inflation-
crédits en divers pays européens, inflation-papier qui est
la manifestation la plus courante. Partout où ce mal est
apparu, on s'est efforcé, pour revenir à une monnaie
saine, de donner à la circulation la même base métallique, l'étalon d'or. Sur ce point, de nos jours, il n'y
a pas discussion, tout au moins dans les sphères officielles (1).

La stabilité de la monnaie reste donc l'idéal de tous
les pays à change instable. Les divergences de vue
n'apparaissent que lorsqu'il s'agit de fixer l'heure de
cette stabilisation. Avant comme après la guerre,
l'opinion publique se partage alors en deux clans : les
uns, et plus spécialement les rentiers, tiennent pour la
revalorisation intégrale de la devise nationale avant
toute stabilisation: les autres, et ce sont alors tous les
commerçants et industriels, prônent au contraire une
stabilisation immédiate, à quelque taux que ce soit, afin

_____

(1) En sens contraire, il convient de citer les polémiques de
M. J. M. KEYNES, qui qualifie l'étalon d'or de « relique barbare ».

que les affaires ne soient plus troublées par de continuelles variations du change.

Sans vouloir aborder par ailleurs le problème de moralité qui se pose lorsque l'on fixe « ne varietur » un nouveau cours légal de la monnaie — et ce problème ne doit pas être négligé — on peut se demander si les partisans d'une stabilisation immédiate ont quelque chance d'atteindre le but qu'ils se proposent. L'histoire nous montre, en effet, que la stabilisation légale, en aucun pays, n'a pu être pratiquée sans une préparation longue et minutieuse. En Russie, par exemple, la célèbre réforme de Witte n'a fait que consacrer une stabilisation de fait portant sur plusieurs années. La récente et malheureuse tentative du ministre Janssen en Belgique est au contraire un exemple de stabilisation rapide, insuffisamment préparée, et qui n'a pu tenir contre des circonstances politiques et économiques contraires.

L'expérience prouve ainsi que la stabilité d'une monnaie ne se décrète pas. Elle se prépare par toute une série de mesures, les unes de politique pure, les autres de politique financière et monétaire s'appuyant sur une politique économique d'ensemble.

§ 1. — Les facteurs Politiques

En matière monétaire, la bonne politique d'un pays est à la base de toute tentative d'amélioration. Un Gouvernement ne peut stabiliser une devise sans le concours de tous, producteurs et consommateurs. Lorsqu'une circulation monétaire est composée de billets inconvertibles, leur valeur dépend en grande partie de la confiance qui leur est accordée: une mesure législative, fixant un taux de conversion légal du billet peut bien arrêter quelque temps ses fluctuations; mais aucune réserve métallique ne tiendrait contre la méfiance publique, contre la « fuite devant la monnaie légale », si la politique générale n'inspire pas la confiance.

On peut s'étonner qu'il en soit ainsi et faire observer que, quelle que soit la situation politique d'un pays, sa circulation fiduciaire comparée aux réserves métalliques dont il dispose, donne pour chaque unité une valeur-or déterminée. Sans doute, mais dans la proportion où la circulation est, d'autre part, représentative d'Avances à l'Etat, le crédit du billet de banque s'identifie avec celui de l'Etat; et le billet lui-même ne constitue alors qu'une *promesse de monnaie* à laquelle on ne peut donner que la valeur spéculative d'un espoir. Selon que la politique générale semblera s'orienter vers l'assainissement financier ou au contraire s'abandonnera à des mesures démagogiques, la confiance en la *promesse de payer*, que constitue le billet, sera plus ou moins forte, et de même la valeur de ce billet. Le contraste reste ainsi frappant entre l'évolution, dans ces dernières années, des différentes monnaies de l'Europe Centrale· Du jour où la Société des Nations s'est occupée de l'Autriche, la chute verticale de la couronne fut arrêtée. avant que rien n'ait été fait, sous la seule influence de l'espoir en une politique nouvelle. En Tchéco-Slovaquie de même, lorsque la restauration monétaire est apparue à tous comme la principale préoccupation du gouvernement. la chute de la couronne tchéco-slovaque fut ralentie puis arrêtée. Ce souci de restauration monétaire exclut toute politique de parti. tout gouvernement de combat :

LA STABILISATION MONÉTAIRE SUPPOSE L'UNION NATIONALE

Ce gouvernement d'union nationale, il ne suffit pas qu'il soit créé : il doit être stable. La stabilisation monétaire ne va pas sans stabilité politique. C'est une autre « création continue » ; le plan une fois arrêté, le gouvernement ne doit plus s'en écarter. Dans les pays ayant, depuis la guerre, opéré le redressement de leur monnaie sous les auspices de l'étranger, un Commissaire général reçut mission de contrôler la politique financière gouvernementale ; un certain droit de veto s'exerçait en cette matière afin de soustraire les finances publiques aux tendances variables de la politique. De même, en France, a-t-on revêtu de la garantie constitutionnelle la création d'une Caisse d'amortissement, pour lui assurer une existence indépendante des modifications politiques ultérieures. Ainsi, toute réforme monétaire implique-t-elle un effort de longue haleine, une unité de vues dans le temps, pour mener à bien l'exécution du plan initial:

LA STABILISATION MONÉTAIRE SUPPOSE LA STABILITÉ POLITIQUE

Enfin, une politique financière et monétaire saine, succédant à une période plus ou moins longue de désordre ou d'abandon, nécessite une énergie et un courage exceptionnels chez ceux qui la pratiquent. Après avoir entrepris, il faudra persévérer, et les difficultés se multiplieront sur la voie du redressement monétaire. Lorsque la chute d'une monnaie est arrêtée et qu'une certaine stabilisation a pu être obtenue, les prix haussent rapidement sans que, par définition, le volume de la circulation doive être modifié. C'est alors la crise, inévitable. L'inflation cessant, disparaît avec elle le masque trompeur d'une prospérité illusoire. L'appauvrissement général, les « pertes de substance » sont sentis de tous. Et c'est la « grande pénitence », c'est-à-dire la grande restriction. C'est, partant, pour le gouvernement, la grande impopularité, mais qu'il doit surmonter, car le redressement ne peut s'opérer sans que le pays ait payé la rançon des fautes et des erreurs passées, et c'est un mauvais service à lui rendre que de le lui dissimuler (1). Certains problèmes nouveaux surgissent alors, découlant des premières mesures d'assainissement. La restriction des crédits, conséquence et condition de la stabilisation, se répercute fatalement sur la Trésorerie, dans les pays à dette flottante importante. Le Gouvernement peut être ainsi conduit à des mesures extrêmes, comme la consolidation brutale des bons à court terme, en Belgique· Certaines de ces mesures exigent une préparation minutieuse, sans doute, mais secrète: ainsi doivent-elles être soustraites à la publicité préalable et néfaste des discussions dans une assemblée délibérante. C'est ainsi que, dans presque tous les pays d'Europe, victimes de l'inflation, le succès des tentatives de stabilisation a été dû. pour partie, soit à une politique dictatoriale, soit, dans les gouvernements de forme démocratique, à l'attribution des pleins pouvoirs à l'autorité exécutive. Par le fait même, d'ailleurs, que certaines des mesures à prendre en vue de la stabilisation ont un caractère restrictif, qu'elles doivent provoquer dans le pays la gêne certainement. des troubles peut-être, on en obtiendra difficilement le vote d'une assemblée parlementaire,

___

(1) Voir notamment, *supra* ,les recommandations du Commissaire général de la Société des Nations à Vienne et l'avertissement du Comité Financier de Genève, concernant la réforme des finances autrichiennes, p. 66 et 70.

même secrètement favorable; le principe même de l'institution empêchant l'élu d'imposer à l'électeur un effort douloureux dont il ne recueillera le fruit que tardivement. L'effort financier demande courage, ténacité et maîtrise de soi-même: pour réussir,

LA STABILISATION MONÉTAIRE SUPPOSE UN GOUVERNEMENT FORT.

Union nationale, stabilité politique, gouvernement fort, telles ont été les conditions politiques des tentatives récentes de stabilisation monétaire: en ces trois termes paraît résider la technique de la confiance, indispensable au relèvement financier, et dont un ancien ministre des finances disait dernièrement: « Quand on aura rétabli ce courant vital de la confiance, — confiance de l'Etat dans la nation, et de la nation dans l'Etat, — on aura résolu le problème monétaire ». (1)

§ 2. — Finances Publiques & Politique monétaire

C'est une vérité généralement admise que, dans un pays bien organisé, les finances publiques et la politique monétaire doivent être rigoureusement distinctes, la seconde relevant d'un Institut d'émission pleinement indépendant vis-à-vis du pouvoir. Mais, dans le cadre de cette étude, où ne rentrent que des pays dont la monnaie a été avilie par l'inflation, ces deux facteurs primordiaux de redressement et de stabilisation monétaire sont etroitement liés ensemble; dans la presque totalite des cas examinés, la valeur de la monnaie est devenue tri-

____

(1) M. Bokanowski : Le problème financier et la technique de la confiance. *L'Europe Nouvelle*, 29 mai 1926.

butaire des finances publiques, et le change national
varie selon que ces finances paraissent saines ou non.

Avant la guerre, sous le régime du Gold standard ou
du Gold Exchange standard, les Instituts d'émission de
tous les grands Etats européens pouvaient avoir une
politique monétaire propre. En France, par exemple, la
circulation correspondait en 1914 pour les quatre cin-
quièmes, environ, à l'encaisse métallique (1), le surplus
étant représenté par le portefeuille commercial et les
avances sur titres, réalisables à court terme; la Banque
pouvait ainsi, par l'intermédiaire du taux de l'escompte,
agir directement sur le volume de la circulation et indirectement sur les prix. Aujourd'hui, tout est changé. Les
Avances à l'Etat, sous toutes les formes, dépassent 40
milliards de francs sur une circulation inférieure à 60
milliards. Ce poste représente une créance immobilisée:
l'équilibre n'existe plus et l'action automatique du taux
de l'escompte ne peut jouer. Et ce n'est pas là un exemple isolé : c'était le cas de *tous* les Etats européens victimes de l'inflation, avant qu'ils aient entrepris leur restauration monétaire. Dans tous ces Etats, les Banques
nationales ont perdu leur rôle essentiel qui est de contrôler la circulation. Partout où l'on observe l'existence
d'une dette flottante importante, ce contrôle est passé
pour partie au Trésor, car les disponibilités, que seraient
tentés de refuser les Instituts d'émission, le public irait
les demander à l'Etat, par le remboursement de sa
créance à court terme. Les prix se trouvent alors abandonnés à eux-mêmes : la discipline économique ne peut
plus jouer en faveur de l'étalon.

------

(1) Le bilan de la Banque de France du 25 juin 1914 (J. O.
p. 557) indiquait une encaisse de 4.614 millions pour 5.852
millions de billets.

Il semble donc que la première tâche d'un gouvernement soucieux de rétablir la stabilité de sa devise soit de rendre à ceux dont c'est la fonction, les armes nécessaires au maintien de cette stabilité.

En l'espèce, le commencement de toute réforme doit être le remboursement aussi rapide que possible de la Dette publique envers l'Institut d'émission. Ce remboursement substitue à un poste inerte du bilan de la Banque un poste utile, et, par l'accroissement du gage, la circulation se revalorise progressivement. « Mieux vaudrait amortir un milliard dû à la Banque que dix dus au public » (1).

En même temps, l'Etat doit poursuivre l'amortissement énergique où la consolidation de sa dette flottante. Car ce poste subit en premier lieu le contre-coup des mesures précédentes. Au fur et à mesure que la Banque d'émission reprend le contrôle de la circulation, le public voit davantage, dans les bons à court terme, un moyen pour lui de parer à des mesures monétaires restrictives: ce placement lui sert d'assurance, en quelque sorte, et la moindre crise économique provoque les demandes de remboursement. Double inconvénient : la politique de la Banque s'en trouve contrecarrée, et la Trésorerie peut être mise en difficulté.

Ce souci d'amortissement et de consolidation de la dette flottante peut s'observer en Belgique, dans la tentative actuelle de redressement monétaire. Le baron Houtard présenta comme la pièce maîtresse de son projet

---

(1) En ce sens, on ne peut que déplorer, en France, la non mise en application de la loi fondamentale François-Marsal du 31 décembre 1920, par laquelle l'Etat s'engageait à rembourser annuellement 2 milliards à la Banque.

financier, la création d'une caisse d'amortissement, devant servir à rembourser notamment les dernières avances de la Banque de Belgique à l'Etat; d'autre part, le ministre Francqui dut faire admettre la consolidation forcée des bons à court terme, dont le poids constituait pour la Trésorerie un péril permanent, et un facteur d'inflation. Mesure extrême, à laquelle le Gouvernement s'est vu acculé sans pouvoir envisager aucun procédé intermédiaire. En Angleterre, sans doute, le rétablissement de la livre au pair s'est fait malgré l'existence d'une dette flottante considérable. Mais ce pays jouit d'un prestige financier mondial, grâce à des traditions financières toujours en vigueur : la confiance en la devise britannique n'a jamais été déçue. L'Angleterre occupe, d'autre part, une position prépondérante, grâce à son « commerce prodigieux ». La remarque du duc de Gaële est toujours d'actualité : « l'accumulation continuelle des capitaux lui offre (à l'Angleterre), dans ses besoins, des ressources abondantes que l'on se croit trop heureux de confier à son gouvernement ».

*
* *

Ainsi, remboursement des Avances à l'Etat et amortissement de la dette à court terme, tels sont les deux premiers points de tout programme de redressement monétaire. Ce redressement, dans l'opinion de tous, doit aboutir tôt ou tard à la stabilisation, laquelle signifie convertibilité du billet en or à un taux fixé. Ce but peut être plus ou moins lointain : sans tenir compte des Etats dont la faillite monétaire totale a permis, comme en Allemagne ou en Autriche, par exemple, de faire table rase du passé et d'édifier une monnaie nouvelle, pour envisager le cas des pays dont les devises ne sont qu'amoindries, on peut viser soit à leur rétablissement au pair comme en Angleterre, soit à la consolidation au moins temporaire d'une parité nouvelle, comme en Belgique.

« Une masse monétaire, a fort bien écrit M. J. Dubois, peut, à tout moment, être sauvée, tant qu'elle reste vivante. » C'est dans cette hypothèse que l'on peut opter entre deux solutions : stabilisation immédiate d'une devise monétaire, en période de chute, ou revalorisation préalable en vue de la stabilisation. Les partisans de l'un et l'autre procédés sont nombreux : la question se pose de savoir si, techniquement, les arguments des uns et des autres ont la même valeur.

La première école financière, qui préconise la stabilisation à tout prix d'une devise orientée généralement vers la baisse, invoque à l'appui de sa théorie des arguments et des exemples. On ne peut, dit-elle, réaliser la réforme financière sans une base solide, et cette base ne peut être qu'une monnaie stable. A son défaut, tous les calculs se trouvent faussés par les variations du change : les prévisions budgétaires comme l'équilibre de la balance des comptes. C'est ainsi que, dans le *Giornale degli Economisti,* un économiste italien, M. Bresciani-Jureni, exposait cette opinion :

« Les expériences faites en Allemagne dans ces dernières années ont montré à l'évidence l'erreur des économistes, des hommes politiques, et des représentants de la grande industrie, qui ont longtemps soutenu que la stabilisation du mark serait la *conséquence* de l'assainissement économique, et que, par suite, il était oiseux de penser à une réforme monétaire avant qu'en fussent réalisées toutes les prémisses économiques !

« C'est en vain que l'Allemagne a attendu, pendant des années, la réalisation de ces prémisses. Dans l'intervalle, les déséquilibres produits dans l'économie allemande par l'instabilité monétaire s'aggravaient tous les jours.

« Les faits ont donné raison à ceux qui, au contraire, concevaient la stabilisation comme la condition nécessaire de l'assainissement économique et financier de l'Etat. La réforme monétaire de 1923 et de 1924, qui a rétabli la circulation sur la base-or, a fait entrer en jeu les forces réparatrices tendant au rétablissement de l'équilibre économique ».

Et, souscrivant à cette opinion, M. Charles Rist, exposant l'opinion des défenseurs de l'amélioration financière et économique préalable à la stabilisation, assimile leur langage à celui-ci : « Montrez-nous d'abord que vous pouvez faire tenir une pyramide en équilibre sur sa pointe. Ce jour-là, nous vous aiderons de toutes nos forces à la faire tenir sur sa base ». (1)

En faveur de la stabilisation immédiate, on a invoqué les exemples de l'Allemagne, de l'Autriche et de la Tchéco-Slovaquie. Dans ce dernier cas, pourtant, l'argument n'est pas fondé, car, la stabilisation n'est intervenue que pour parer à la crise économique, après plusieurs mois de hausse du change national. Pour ce qui

____

(1) *L'Europe Nouvelle*. Etudes sur le Franc. 29 Mai 1926.

est de l'Allemagne et de l'Autriche, il est exact que la stabilisation eut pour but d'arrêter la *chute* du change national. Mais il s'agit là de cas tout à fait exceptionnels, de monnaies se dépréciant avec une rapidité telle que l'usage en était rendu impossible dans toutes les prévisions. A Berlin comme à Vienne, on pouvait voir les prix varier d'heure en heure et dans de fortes proportions, aux étalages des commerçants. Il est indubitable que dans ces conditions, il n'est plus possible d'envisager aucune amélioration financière ou économique sans une réforme monétaire préalable. Mais ces réformes même, dans les deux pays envisagés, ne devront leur succès durable qu'à l'application, concordant avec la réforme monétaire, d'un plan général de redressement économique et financier. Et le *shilling* pas plus que le *reichsmark* n'auraient pu résister à une suite de balances des comptes déficitaires: le jour où les réserves d'or auraient été absorbées par ces règlements, les changes allemands et autrichiens auraient à nouveau été abandonnés à eux-mêmes.

Il ne semble donc pas que l'on puisse, à l'aide de ces deux exemples tirés de pays à monnaies complètement avilies, justifier cette théorie que, dans un Etat dont la devise est dépréciée, on doit stabiliser le change avant d'entreprendre le redressement financier et économique. Il ne semble pas davantage que les arguments en faveur de cette thèse ne puissent être critiqués. Puisque leurs défenseurs ont pu reprocher leur « mépris enthousiaste des réalités », à ceux qui ne partageaient pas leurs opinions, il convient, pour apprécier ces arguments, de se placer sur un terrain purement objectif.

Un système monétaire perd sa valeur nominale du jour où, le billet de banque recevant cours forcé, il en est fait des émissions anormales et sans relation avec les besoins du commerce. Si l'on peut remonter le courant, et retirer de la circulation le montant de ces émissions anormales, le cours de la monnaie doit théoriquement rejoindre le pair ancien. Ces variations de valeur sont, en fait, traduites par le cours du change avec les pays à étalon d'or. Le change est ainsi la résultante de divers facteurs, dont le principal est la balance des comptes, elle-même influencée par l'inflation. Pour reprendre une image courante, vouloir fixer le change à un taux donné, pour arrêter la baisse de la monnaie, c'est caler l'aiguille d'un baromètre pour éviter la pluie. Or, c'est ce à quoi aboutissent les défenseurs de la stabilisation à tout prix. A une époque donnée, disent-ils, le rapport de la masse de la circulation à l'encaisse métallique, dans un pays déterminé, donne pour chaque unité monétaire une certaine valeur-or; pour supprimer les variations du change, il n'y a qu'à stabiliser sur cette base, et l'on se trouvera ainsi armé pour entreprendre une réforme financière générale. Mais on ne voit pas pour quelle raison les choses iraient mieux, simplement parce qu'on aurait opéré cette médication purement monétaire. Sans doute, dans l'esprit de ses défenseurs, cette réforme ne doit que préparer celle, plus générale, des finances publiques et de l'économie nationale. Il y a à cela une objection: c'est que la stabilisation a des répercussions considérables dans tous les domaines de l'activité économique, la troublant profondément, et que la réforme générale envisagée peut fort bien s'en trouver compromise. On assistera alors à ceci, qu'on a pu observer en Belgique, au début de 1926 : l'Institut d'émission s'épuise à soutenir la lutte du change, et, pour éviter la baisse qu'entraînerait normalement le déficit de la balance des comptes, jette sur le marché ses réserves métalliques: cela en pure perte, car la défense n'aura qu'un temps, et cessera avec l'épuisement complet du stock d'or. C'est un exemple. Celui de la Reichsbank, s'efforçant à plusieurs reprises, et en vain, d'arrêter la chute du mark allemand, en est un autre. Et ces expériences n'ont d'autre résultat que de priver un pays de sa réserve suprême.

Puisque le change, et partant, la valeur réelle d'une monnaie fiduciaire, sont une résultante, pour les stabiliser, il est logique de remonter aux causes et de supprimer celles qui se révèlent nocives. Parmi ces causes de variation du change, on invoque couramment la spéculation. Cette raison dispense d'en trouver d'autres, mais n'est pas exacte. Un spéculateur, qu'il soit un particulier ou un Etat, ne peut provoquer la hausse ou la baisse durable d'une devise: il joue l'une ou l'autre tendance, selon les circonstances, *en exploitant les causes véritables de la hausse ou de la baisse*. En cas de réussite, son bénéfice est le même dans les deux cas : l'orientation lui est indifférente.

Les véritables causes de variations du change sont dans la balance des comptes et l'évolution de la politique financière, politique d'où dépend le plus ou moins de confiance dans la promesse de payer que constitue le billet de banque. Si les déficits budgétaires ou les remboursements massifs de bons à court terme font craindre une inflation nouvelle, les détenteurs de billets se hâtent de

les échanger contre des devises-or et le mouvement de
la balance des comptes est défavorable. Et, même en
l'absence de toute inflation, si la politique gouvernementale ou internationale peut faire craindre une confiscation des capitaux, ceux-ci émigrent à l'étranger, et la
baisse du change traduira également ce mouvement
d'exportation. Dans l'hypothèse exactement inverse, on
assistera au contraire à une hausse du change, traduisant la revalorisation de la monnaie nationale. De ces
deux situations, la seconde seule peut, à un certain point
de hausse, donner naissance à la stabilisation de fait.

C'est cette stabilisation de fait, après revalorisation,
que l'on doit provoquer par des mesures générales,
dont l'aboutissement sera, lorsque l'heure en paraîtra
arrivée, la réforme spécialement monétaire qui sanction-
nera une amélioration déjà ancienne, et la renforcera.
Telle est l'opinion que soutiennent les adversaires de la
stabilisation immédiate. La tragique aventure du franc
belge, en mars 1926, est venue illustrer cette vérité d'expérience, que la stabilisation monétaire ne se décrète
pas, mais qu'elle se prépare par toute une série de réformes. Parlant de la situation financière de la France,
M. Décamps disait, en mai 1926, que le ministre des
finances « serait le premier à se réjouir si ceux qui le
pressent de stabiliser la monnaie pouvaient lui donner
l'assurance que les facteurs qui ont déterminé, hier,
certains fléchissements de confiance, ont à jamais épuisé
leur malfaisance. Le mal a poussé des racines profondes
dans notre économie et dans certaines mentalités. Il est
l'aboutissement logique d'une foule d'erreurs et de fautes
qu'il nous faudra corriger, avant que de pouvoir prétendre à une santé monétaire même relative.... Je vous

Je déclare très franchement: je ne crois pas que nous avons fait tout ce qu'il convenait de faire pour préparer le lit de la stabilisation. Et comme je ne voudrais pas que nous nous engagions à la légère dans une entreprise qui risquerait de tourner à l'aventure, j'ai cru de mon devoir de citoyen de crier simplement : attention ! ». En Belgique, M. Francqui, ministre du Trésor, tenait en juin 1926 des propos analogues : « Il ne faut pas s'imaginer qu'il soit possible de stabiliser une monnaie par l'effet d'une simple disposition législative. Le rétablissement d'une monnaie, c'est la confiance que les étrangers et les nationaux peuvent avoir en elle, et cette confiance ne peut exister que si chacun a la certitude que l'ordre règne dans les finances intérieures. Supposer qu'un Gouvernement, quel qu'il soit, puisse, sans le concours de tous les citoyens indistinctement, empêcher une monnaie de s'avilir, c'est une utopie qui ne peut naître que dans des esprits simplistes. Le concours de tous lui est donc indispensable ».

A la même époque, le *Secolo* de Milan rapportait, de M. Caillaux, l'opinion semblable : « Certains, disait-il, prétendent que la stabilisation des monnaies remédiera à tout. Je ne nie pas que les stabilisations monétaires soient des opérations nécessaires ; elles ne font, hélas ! que consacrer législativement les faillites qui sont déjà entrées dans la réalité. Mais ce sont des opérations à accomplir avec prudence, au bon moment, sans attendre un remède spécifique de ce qui, après tout, est une simple régularisation d'écritures ».

L'histoire de toutes les réformes monétaires opérées depuis la fin du 19e siècle vient apporter la confirmation, par l'expérience, de cette théorie. Mis à part les exemples tirés d'Etats dont la monnaie, presque morte, ne pouvait permettre aucune réforme financière sans la création de nouveaux signes de la valeur. dans tous les pays, la stabilisation monétaire a suivi et non précédé l'amélioration générale, économique et financière. En d'autres termes, partout où la masse monétaire restait vivante, quoiqu'amoindrie, on a toujours observé une période plus ou moins longue de revalorisation avant le rétablissement de la convertibilité-or. La stabilisation se trouvait pratiquée contre la hausse et non contre la baisse. Elle a ainsi les plus grandes chances de réussir, et l'on ne saurait trop prendre de précautions dans ce domaine, un échec comportant des conséquences toujours très graves, parfois fatales.

Il semble ainsi que la logique et la prudence, appuyées sur de nombreuses expériences, poussent à pratiquer une médication générale avant la médication spécialement monétaire. Cette médication générale, l'amélioration des finances en est le chapitre principal. L'Etat se trouvant le premier responsable de l'avilissement monétaire, et — pour toute sa dette intérieure — également le premier bénéficiaire, doit donner l'exemple des restrictions qu'il devra imposer à tous. L'histoire des réformes monétaires contemporaines montre la difficulté que l'on rencontre à réduire dans d'importantes proportions le budget des dépenses. Cependant tous les pays envisagés ont dû faire un effort en ce sens, effort qui ne porte de fruits qu'autant qu'il est général et s'inspire d'un plan d'ensemble.

Mais l'amélioration des finances publiques est beaucoup plus facile à obtenir par l'aménagement des recettes en fonction de la situation monétaire. Avant de songer à renforcer les impôts, le Gouvernement doit adapter son budget aux circonstances : ainsi, pour les recettes tirées du commerce international ou de taxes perçues sur des étrangers, il convient de spécifier des paiements en or, comme cela s'est pratiqué dans : plusieurs pays. Pour les recettes perçues à l'intérieur du pays, si la loi interdit l'usage de paiements-or, à leur défaut, le Gouvernement doit percevoir ses droits ou impôts le plus rapidement possible afin d'éviter que le montant s'en trouve réduit au moment du versement. Pour n'avoir pas suivi cette règle, le gouvernement allemand voyait son budget des recettes réduit à rien en valeur-or, la monnaie se dépréciant de 90 % entre les prévisions et le paiement.

Ces procédés permettent d'assurer plus efficacement l'équilibre budgétaire. Mais ce n'est là qu'un minimum : pour payer les fautes passées, il faut que le budget prévoit d'importants excédents, destinés à l'amortissement progressif de la dette envers l'Institut d'émission. Car, en cette matière, on n'a pas le choix : « on fera une politique de déflation ou l'on n'en fera aucune ». C'est le seul moyen d'orienter la devise nationale vers la hausse, condition première de la stabilisation. Le point jusqu'où devra être poursuivie cette déflation est une question d'expérience.

Lorsque, d'autre part, une dette flottante importante peut constituer un péril pour le redressement des finances publiques, il est également nécessaire de procéder à sa conversion. Tant que la Trésorerie d'un Etat reste sous la menace d'une demande massive de remboursements, rien ne peut être entrepris dans le domaine monétaire. Pour procurer des ressources immédiates et considérables, on a préconisé et essayé en de nombreux pays un prélèvement extraordinaire sur le capital. Mais partout, cette opération a donné des mécomptes : en fait, en dehors de tous les autres arguments qui restent nombreux, le prélèvement sur le capital, effectivement pratiqué, ne peut correspondre qu'à un super-impôt sur le revenu et ne fournir annuellement que des ressources restreintes. Pour compenser un poste considérable au passif d'un bilan, il faut en mobiliser un équivalent à l'actif. Cet actif, dans les pays modernes, est constitué principalement par les Domaines et les Monopoles. Sans qu'il soit question de les aliéner, ces ressources doivent servir à gager le passif de l'Etat, ainsi que cela fut pratiqué en Belgique où les chemins de fer sont devenus le gage des porteurs de bons à court terme. Avant d'en venir à la consolidation brutale et pour l'éviter si possible, l'Etat doit, comme en Angleterre, s'efforcer de transformer, en dette à long terme, sa dette flottante. Dans ce dernier pays, en 1922, £ 194.467.884 de dettes extérieures ou flottantes furent échangées contre £ 257.205.055 de dettes à long terme, il en résultait une diminution importante du service des intérêts, passés en même temps de £ 10.064.951 à £ 9.577.378.

Cette double politique, d'amortissement des Avances de la Banque à l'Etat, au moyen des excédents budgétaires, d'amortissement et de conversion de la Dette flottante, au moyen d'opérations d'amortissement et de Trésorerie, oriente tôt ou tard le change national vers la hausse. Elle doit être accompagnée d'une politique économique conforme au plan arrêté, et dont nous allons exposer les directives principales. Mais par elles seules, des finances publiques saines enlèvent toute prise à la spéculation à la baisse. Avec la disparition de toute menace d'inflation disparaîtra la défiance publique. Ces paroles d'un ancien ministre français ont une portée générale: « Chacun doit être bien convaincu, dit M. Yves Guyot, que les étapes du crédit de la France seront les étapes de la déflation, et qu'elle ne recouvrera tout son crédit que le jour où elle sera complètement libérée du pire des emprunts ». Cette action prépondérante des finances publiques dans l'évolution d'une monnaie dépréciée est également soulignée par M. Ch. Rist: « Remettez d'abord votre budget en équilibre, et tout le reste vous sera donné par dessus ». (1).

§ 3. — Finances privées

Le professeur et économiste américain, M. Seligman, a écrit dans son ouvrage « Currency Inflation and Public « Debts » : « En dernière analyse, la disparition de l'inflation ne dépend pas tant d'une déflation effective, que de cette déflation relative qui est étroitement liée à l'accroissement de la prospérité générale et se reflète dans la balance commerciale ». Tout redressement monétaire suppose, en effet, une fois supprimées les causes politiques de la baisse de valeur d'une devise, un programme d'ensemble concernant l'amélioration de la production et des échanges. Ce programme économique comporte des mesures particulières au mouvement des capitaux, à l'industrie et au commerce.

Il semble bien, en ce qui concerne le mouvement des capitaux, que la vieille règle de l'économie libérale ait

---

(1) Charles Rist· La déflation en pratique. *Conclusion.*

conservé toute sa valeur: la liberté, dans le domaine économique, reste la meilleure formule. Toute entrave administrative empêche l'équilibre de se produire dans les placements divers, et se retourne finalement à l'encontre du but poursuivi. Depuis la dernière guerre, plusieurs pays européens ont jugé utile d'apporter des restrictions à l'importation ou à l'exportation des capitaux, mais, partout, l'expérience démontre ou a démontré l'inutilité de semblables mesures. Le capital obéit à des lois immuables, qui ne sont point celles du Législateur : si le capitaliste, disait M. Bokanowski, peut être soumis à des passions diverses, le capital est uniformément doué au plus haut degré de l'esprit de conservation, « il a une horreur irraisonnée et irréductible de toutes les opérations chirurgicales ». Il ne peut vivre et se multiplier que dans certaines conditions économiques propices, au premier rang desquelles il faut placer la sécurité. Si ces conditions ne sont pas remplies, il n'est pas d'exemple qu'une interdiction d'exportation ait pu l'empêcher d'aller trouver à l'extérieur un milieu plus favorable.

Pour que les capitaux trouvent dans un pays donné cette sécurité sans laquelle aucune législation ne les y retiendra, il faut que la politique gouvernementale fasse abstraction de toute mesure coercitive et de toute taxation exagérée, pouvant ressembler à la confiscation. Le capitalisme doit contribuer pour sa grande part, mais non seul, aux charges de la collectivité. En outre, pour que les capitaux puissent être attirés dans un pays, il faut qu'ils aient la faculté d'entrer et de sortir librement: ils ne se laisseront prendre à aucune souricière. Le caractère de plus en plus international de la fortune a multiplié les facilités de placements avantageux sur toute l'étendue de la planète, et, le capitaliste choisit d'abord, dans cet ensemble, les régions où il est assuré de ne pas voir sa fortune compromise par des mesures politiques.

Lors de la chute du mark allemand, le gouvernement a pris ses précautions pour arrêter l'exportation des capitaux nationaux, mais cela n'a pas empêché des fuites considérables. A l'inverse, le gouvernement anglais qui avait prescrit les mêmes restrictions durant la guerre, les atténua progressivement jusqu'à revenir à la liberté absolue, lorsqu'il voulut entreprendre la revalorisation de la Livre. En France, la Loi du 3 avril 1918, complétée par toute une législation ultérieure, a, comme en Allemagne, interdit l'importation et l'exportation des capitaux, d'une manière générale: mais cette loi, tout en apportant des entraves préjudiciables au développement de la prospérité économique nationale, n'a pas empêché des masses énormes de capitaux de fuir à l'étranger, et il est de notoriété publique, sinon officielle, que la forte baisse du franc, de mai à juillet 1926, est due pour une grande part à cette évasion. Conscient de l'inutilité et de la gêne qu'engendrait cette législation, M. R. Péret annonça son abrogation prochaine, lors de son passage au ministère des Finances, mais il n'eut pas le temps de mettre son projet à exécution.

Le capitalisme restant l'auxiliaire indispensable au fonctionnement des Etats modernes, non content de lui laisser la liberté, un gouvernement doit s'appliquer à l'attirer à l'intérieur du pays. La hausse du taux de l'intérêt, par celui de l'escompte, reste le meilleur attrait des capitaux. Politique traditionnelle, contrecarrée, ainsi

que nous l'avons vu, par les fluctuations de la valeur
de la monnaie, mais qui doit entrer en jeu à nouveau dès
qu'une stabilisation relative aura pu être assurée. Double avantage : les capitaux disponibles à l'étranger vien-
dront chercher à l'intérieur du pays des placements ré-
munérateurs, et les commerçants ou industriels détenteurs de devises étrangères les convertiront en monnaie
nationale pour éviter d'emprunter à un taux onéreux.
Cette hausse du taux de l'intérêt est d'abord nuisible à
l'industrie, mais elle porte, en une certaine mesure, son
remède en elle-même, par l'afflux des capitaux qui
orienteront à nouveau le loyer de l'argent vers la baisse.

Cette politique de l'argent cher n'a guère d'utilité
qu'en période de stabilisation monétaire, au moins relative. En attendant que cette stabilisation soit réalisée, il
est d'un intérêt capital de laisser aux particuliers la
faculté de libeller leurs contrats en telle valeur qu'il leur
plaira. Et ici, l'intérêt est le même pour le capitaliste et
pour l'industriel ou le commerçant. Il déborde même la
sphère des finances privées pour s'étendre aux finances
publiques. Car la formule d'emprunt à valeur stable
crée chez les contractants le désir de la stabilisation;
pratiqué par le gouvernement lui-même, ce sera de sa
part un témoignage de sa volonté de stabiliser. « Il est
une mesure, dit M. E. Allix, qui serait dès maintenant
indiquée si l'on était nettement décidé à amorcer une
politique de stabilisation : c'est la réforme, au besoin
par voie d'intervention législative, de la jurisprudence
anti-économique au premier chef, qui interdit l'insertion
dans les contrats privés, de clauses de garantie contre
la dépréciation de la monnaie... Le jour où cette *clause
de sauvegarde* aujourd'hui condamnée par la jurispru-

dence (les paiements-or) sera reconnue comme valable, on créera non seulement, chez les particuliers, un intérêt à la stabilité du franc, alors qu'ils ont aujourd'hui des intérêts en sens discordant à son instabilité; on créera également des éléments de stabilisation, puisque quantité de contrats seront conclus sur la base d'un franc à valeur stable ; on provoquera l'abaissement du taux de l'intérêt dans les engagements à long terme et notamment l'amélioration du crédit hypothécaire ; et surtout, en permettant d'éliminer, dans les contrats, l'avantage que l'une des parties peut retirer de la dépréciation du franc, on multipliera le nombre des adversaires de l'inflation, ce qui ne sera pas le résultat le moins utile. Le Gouvernement lui-même, de bon ou de mauvais gré, se trouvera contraint à demeurer fidèle à la politique de stabilisation. » (1) Au point de vue spécialement français auquel se place M. E. Allix, il conviendrait donc de modifier la loi du 4 août 1914 sur le cours forcé du billet. Cette mesure, qui se peut justifier à l'origine, n'a plus de raison d'être, plusieurs années après la guerre : elle constitue une monstruosité économique avant d'être une gêne pour les particuliers. M. A Liesse, faisant' allusion à notre manière d'assimiler, dans le bilan de la Banque de France, par exemple, des francs d'or à des francs d'argent ou de papier, dit, sous une forme plaisante: « Ces unités forment actuellement un ménage à trois, dont l'une a, seule, la liberté de circuler, et en profite pour se livrer à des écarts très compromettants et principalement envers l'Etat ». (2)

---

(1) EDGARD ALLIX. — *Revue Politique et Parlementaire.* 10 janvier 1925.
(2) ANDRÉ LIESSE. — *Economiste Français.* 11 juillet 1925.

Cette législation implique une méconnaissance, voulue ou non, de la nature de la monnaie. Celle-ci a une double fonction : c'est un instrument d'échange et c'est une mesure de la valeur. Le cours forcé fait disparaître ce second caractère, enlevant ainsi à la monnaie une partie de son utilité économique. Pour parer à cet inconvénient, il n'est d'autre solution que d'autoriser dans les contrats l'insertion d'une *clause de sauvegarde* (valeur-or, valeur - devises étrangères stables, valeur-index, valeur-marchandises...). Cette modification sera profitable en même temps au capitaliste et à l'industriel, ce dernier y trouvant la possibilité de calculer exactement son prix de revient. L'établissement des bilans-or en sera un heureux corollaire ; l'on évitera ainsi ces pertes de substance qui appauvrissent, sans qu'on s'en doute parfois, le patrimoine national des pays à monnaie instable.

L'industrie et le commerce ayant ainsi retrouvé une base normale de calcul, pourraient s'orienter vers la production intensive et raisonnée, qui, par l'amélioration de la balance économique, préparera et aidera la restauration monétaire. La transition sera plus facile de la période d'inflation à celle de stabilisation, et les prix, adaptés aux cours mondiaux, permettront de faire la démarcation entre les industries utiles et celles nuisibles du point de vue national. Ces dernières succomberont nécessairement, lors de la restauration monétaire, car l'adaptation à la baisse des prix n'est point aisée pour tous. « La baisse des prix, dit M. Subercaseaux, qui est une conséquence de la forte hausse de la valeur de la monnaie, ne se fait que lentement et après de longues années passées dans le languissement et la paralysie, dont la cause est une crise qui, non seulement a affecté l'entrepreneur, mais qui a pu aussi faire connaitre la faim à des milliers d'ouvriers inoccupés. » Pour restreindre ces effets, il faut s'efforcer de produire et au meilleur marché possible. Cette résistance à la baisse, observée chez le producteur, doit être vaincue, que ce producteur soit l'entrepreneur ou l'ouvrier. Restauration monétaire signifie restriction des profits et des salaires, et pour l'obtenir, la politique économique du gouvernement doit se doubler d'une politique sociale sévère. L'exemple de l'Italie est admirable qui, dans ce domaine, put appliquer sans récriminations ni difficultés le 1ᵉʳ juillet 1926 la liberté du travail de neuf heures décrétée fin juin par le conseil de la production. Les difficultés que l'Angleterre traverse depuis 1926 sont également instructives : la livre sterling étant revenue au pair, l'industrie en général, et les charbonnages principalement, traversent une crise sérieuse, due à la résistance opposée par les ouvriers à la baisse de leur salaire ou à l'augmentation de leur journée de travail. Au contraire, l'Allemagne a retrouvé sa prospérité économique, pour avoir réduit les salaires et les profits tout en intensifiant la production. L'industrie allemande peut à nouveau rivaliser avec celle des autres pays à monnaie-or, ses prix étant revenus à la parité mondiale.

Lors de la réforme monétaire autrichienne, le Conseil financier de la Société des Nations insistait sur la nécessité de poursuivre, à côté du redressement de la couronne, celui de la balance commerciale de l'Autriche. Les différentes expériences monétaires de ces dernières années ont montré en effet l'impossibilité de maintenir stable la valeur d'une devise, si l'on doit faire face annuellement à d'importants déficits de la balance des comptes. Le Comité des Experts, réuni en France en juin 1926, préconisait une politique d'ensemble pour soutenir l'effort plus spécialement monétaire demandé au gouvernement et à la Banque d'émission.

On peut ainsi conclure, d'après les exemples récents, qu'à côté des mesures politiques et financières, la restauration monétaire implique des mesures économiques visant à l'amélioration de la balance commerciale par la restriction de la consommation et le développement de la production (1). Celle-ci sera facilitée par l'afflux des capitaux, lui-même stimulé par la liberté de leur circulation, et la sécurité des placements au double point de vue politique et économique.

(1) La restriction de la consommation peut entrainer diminution des importations, et c'est un premier avantage. Au point de vue strictement monétaire, en période de pré-stabilisation et de stabilisation, elle a ceci de précieux qu'elle peut freiner d'abord la hausse des prix et permettre ainsi au gouvernement de faire descendre les changes étrangers à leur devant: la parité nécessaire des prix intérieurs et des prix mondiaux pourra ainsi être atteinte plus rapidement et avec une moindre marge de hausse. Enfin, lorsque cette parite sera atteinte et la stabilisation de fait établie, cette restriction de la consommation aura pour but nécessaire de contrebalancer la tendance à l'inflation que constitue la hausse précédente des prix intérieurs.

La convertibilité-or.

Gold standard et Gold exchange standard

« La perfection des monnaies, disait M. Bérenger, le 17 fructidor an X, est un terme qu'on ne peut atteindre, mais dont on doit se rapprocher autant que possible ». Les différents exemples de restauration monétaire montrent tous qu'il n'est point, à l'heure actuelle, de bonne monnaie sans convertibilité du billet en or. L'étalon véritable de la valeur n'existe pas : mais il est généralement admis qu'en l'état actuel des choses, l'or reste le meilleur « terme de comparaison » parce que le plus stable.

La convertibilité-or peut revêtir deux aspects : elle peut être absolue, générale, ou seulement réservée aux paiements extérieurs. Le Gold standard correspond à la première hypothèse : les pièces d'or circulent comme les billets à l'intérieur du pays. Ce système nécessite un stock considérable en métal jaune, et comporte les inconvénients du frai et de la perte d'intérêts. Le Gold Exchange standard, plus accessible, réserve pour les besoins extérieurs les disponibilités métalliques, et laisse subsister, à l'intérieur du pays, une circulation de pa-

pier. L'institution d'un change fixe entre le billet et
l'or assure au premier la stabilité. Ce système, créé
spontanément par les circonstances, aux Indes et en
République Argentine, connaît une faveur particulière
de nos jours.

Le passage d'une monnaie instable à une circulation
rattachée à l'or, exige, nous l'avons vu, une minutieuse
préparation. Dans certains pays, tels l'Argentine, de
1885 à 1900, et l'Allemagne, depuis la guerre, la transition fut grandement facilitée par l'existence d'une monnaie de compte, le *peso-or* en Argentine, le *dollar* en
Allemagne, lesquels pouvaient servir de bases aux contrats, en pleine période d'instabilité du papier-monnaie
national. L'intérêt de cette double circulation réside en
ceci, qu'il permet de découvrir plus facilement le niveau
de conversion réellement adéquat à la situation économique du pays. Ce que l'on a appelé le "miracle du rentenmark" a certainement été facilité par la généralisation
des clauses-or, bilans-or, etc....

Lorsque, durant plusieurs mois, la courbe des changes s'est rapprochée de l'horizontale, le Gouvernement
peut préparer la conversion, mais il convient de procéder par étapes. La première mesure consiste à s'assurer
une réserve suffisante en or ou en devises. Puis, l'Institut d'émission disposant d'un stock ou de crédits suffisants, peut aborder la période de stabilisation de fait :
par achat et vente de devises aux environs d'un cours
déterminé, les variations du change sont contenues dans
des limites étroites, jusqu'au jour où intervient enfin la
stabilisation de droit, avec l'instauration d'une nouvelle
unité monétaire, réévaluation des espèces-or, etc...

Pour préparer la stabilisation de fait, la politique des interventions sur le marché des changes est une arme précieuse, mais d'un maniement délicat. L'histoire de la Tchéco-Slovaquie est, à cet égard, particulièrement intéressante. Le relèvement, dû, à l'origine, à un revirement de la spéculation étrangère, fut appuyé et renforcé par les interventions de l'Office bancaire qui s'était constitué un gros portefeuille de devises, grâce aux excédents de la balance commerciale. Ces interventions, non officielles, servirent par la suite à stabiliser approximativement la couronne tchèque, l'Office achetant et vendant des traites dans la mesure où le change s'écartait du cours de 34 couronnes par dollar. Cette méthode de convertibilité fut également instaurée en divers pays, en attendant que soit repris l'emploi généralisé de la monnaie d'or. Ce procédé est la forme moderne de l'étalon-or de change, forme plus souple que celle des anciens bureaux de change ou des caisses de conversion, mais tout aussi efficace. C'est une étape nécessaire sur la voie du retour à la circulation-or.

Le Gold Exchange standard présente, outre son économie, l'avantage de ne pas préjuger d'une amélioration future du taux de conversion. Il permit ainsi au Brésil d'élever, en 1910, le taux de conversion du *milreis* de 15 à 16 *pences*. Mais cela ne va pas sans troubler gravement la vie économique du pays. Fermeture de marchés extérieurs, crises commerciale et industrielle, diminution de valeur des créances en monnaies étrangères, tous les inconvénients de la revalorisation monétaire se retrouvent dans cette mesure, sans que les avantages qu'on en retire puissent parfois les balancer (1).

Le Gold Exchange standard, sous la forme moderne où il a fonctionné en Tchéco-Slovaquie, est destiné à rendre encore de réels services. Il paraît ainsi s'être adapté à la période de crise où nous vivons. Les caisses de conversion n'ont pu subsister lorsque l'horizon mondial s'est assombri : à la période d'après-guerre, caractérisée par la disparition des gold-points dans de nombreux pays, il fallait un organisme moins rigide dont l'Office bancaire tchéco-slovaque a été un excellent exemple.

Mais la difficulté capitale, en la matière, reste la fixation du taux de conversion et la date de sa mise en application. Dans la période actuelle, les changes anormaux, c'est-à-dire non canalisés entre des gold-points, réagissent les uns sur les autres, et c'est dans ce sens que l'on a pu écrire que l'instabilité du change français exerçait en Europe occidentale une influence démoralisatrice. Les opérations techniques pour la défense de certaines devises pèsent parfois lourdement sur le change de

---

(1) L'argument de justice, que l'on peut faire valoir en faveur de cette mesure, ne tient, si la dévaluation est déjà ancienne, car la hausse de la valeur de la monnaie ne profitera pas à ceux qui ont autrefois souffert de la baisse. Deux arguments paraissent seuls pouvoir être retenus en ce sens : d'une part, la baisse générale des prix, à l'intérieur du pays, qui neutralise l'effet de la hausse du change (théories de la valeur-index et de la parité des pouvoirs d'achat, du professeur Cassel), et d'autre part, l'intérêt qu'un Etat fortement débiteur de l'étranger peut trouver à cette réduction automatique de sa dette extérieure.

A l'opposé, il convient de tenir compte de la difficulté plus grande qu'il y aura à défendre la nouvelle parité. On ne doit pas négliger, en outre, l'effet moral pouvant résulter, dans le pays, du soupçon de spéculations avantageuses de la part des initiés.

pays voisins, et l'on peut craindre qu'une fois décrétée, la stabilisation légale ne fût mise à contribution
par l'étranger pour se procurer à un taux avantageux
des devises-or. Il en fut ainsi en Belgique, en mars 1926,
et l'arbitrage passait généralement par Bruxelles pour
se procurer Livres ou Dollars.

Cet argument n'est pas une condamnation de la
convertibilité-or par le Gold Exchange standard. Ce n'est
qu'un témoignage de plus en faveur de ceux qui préconisent la prudence en matière de réformes monétaires.
Lorsque les différents facteurs, précédemment exposés,
de politique générale, budgétaire et économique, ont été
réalisés, muni par ailleurs de réserves suffisantes en or
et devises ou en crédits extérieurs, un pays peut aborder
la stabilisation de sa monnaie, par l'établissement de
l'étalon-or de change. Ce régime ne sera qu'une étape
vers le rétablissement du Gold standard, comme aussi
ses avantages pourront en faire le but même de la restauration monétaire. Parmi ces avantages, l'économie
de métal que représente le Gold exchange standard est
d'un attrait particulièrement actuel. A une heure où la
moitié environ de l'or mondial se trouve concentrée aux
Etats-Unis, le problème du métal jaune est devenu plus
spécialement américain. Dans la mesure où un pays
pourra économiser le métal, il se libérera proportionnellement de l'emprise américaine. A ce titre tout spécialement, le Gold Exchange standard, dont les économistes allemands préconisent l'emploi sous le nom de
« noyau d'or » (Goldkdern), est appelé à rendre encore de
véritables services. Le Gold standard system a contre lui
de nécessiter, au contraire du précédent, un stock d'or

très considérable. Or, le métal subit des variations importantes de valeur, représentant à l'heure actuelle une perte d'environ 40% par rapport à l'avant-guerre. Ces variations proviennent pour partie de l'accumulation dans les caves des Etats-Unis des réserves anciennes et de la production annuelle. La valeur de l'or peut ainsi dépendre en une certaine mesure de la politique du Federal Reserve Board. Pour ces divers motifs, il est préférable de recourir au Gold Exchange standard dont la mise en application moins coûteuse peut permettre de s'affranchir de la tutelle américaine, tout en assurant avec souplesse une stabilité monétaire absolue.

CONCLUSION

Des questions monétaires, on peut dire que simples au premier abord, elles deviennent d'une complexité et d'une difficulté sans égales pour qui les approfondit. Par l'ampleur et la gravité des problèmes qu'elles posent, elles mettent en jeu la vie même des nations, et les exemples contemporains de pays à monnaie malsaine donnent tout son relief à la maxime de Copernic : « Parmi les causes de l'abaissement des nations, l'une des plus importantes, mais que, seules, quelques personnalités comprennent, c'est la dépréciation de la monnaie. Sans violence, et par des routes cachées, elle conduit un royaume à sa perte. » La multiplicité des cas de monnaies avariées, qui n'a pas été l'une des moindres conséquences mondiales de la guerre de 1914, a fait se familiariser le grand public avec des questions jusqu'alors réservées aux préoccupations de quelques spécialistes. Aussi, a-t-on vu éclore toute une floraison de théories improvisées, séduisantes parfois ; mais le retour à la monnaie saine n'est pas ce qu'un vain peuple pense. Du monde économique, il est également vrai de dire qu'il y a plus de questions sur la terre et dans le ciel que n'en résolvent les théories courantes. Et la conclusion de cet essai sur la stabilisation monétaire ne peut qu'incliner à la modestie.

Tant d'erreurs ont été commises par des gouvernants de bonne volonté, tant de ravages ont découlé de ces erreurs, que le mot d'ordre devrait s'imposer enfin, de: Prudence. Et ce court exposé aurait son utilité, s'il pouvait convaincre certains qu'il n'y a pas, pour résoudre un des problèmes les plus angoissants de l'heure présente, de ces panacées dont, telle la stabilisation immédiate, on voudrait convaincre la foule qu'elle y trouvera sans heurts la fin de tous ses maux.

Les problèmes monétaires contemporains n'ont pas déconcerté ceux qui avaient approfondi les expériences d'avant-guerre. Les mêmes causes ont produit les mêmes effets, et les crises se déroulent sur un plan qui, dans ses grandes lignes, reste uniforme dans tous les cas. Les exemples actuels ont sans doute plus de relief, les traits en sont plus accusés : mais la façon dont les problèmes se posent et doivent se résoudre n'en est pas modifiée. Aussi doit-on trouver dans leur étude scientifique, les éléments d'une solution pour les cas actuels.

Si l'on groupe ces données de l'expérience, on en arrive à cette constatation que le retour à la monnaie saine ne peut se faire que par la convertibilité-or. Cette réforme nécessite une œuvre de longue haleine et conditionnée par toute une série de facteurs favorables : politique d'union nationale, budgets en équilibre et finances saines, tant publiques que privées. Ce n'est pas impunément qu'un Etat peut jeter dans la circulation des milliards de billets sans aucune contrevaleur, et la malfaisance de l'inflation s'étend sur de longues périodes de temps et dans tous les domaines de l'activité économique. Pour réparer tout ce que ce désordre peut avoir de nocif, il faut consentir à des mesures réparatrices pour expier les fautes passées. Le retour à la monnaie saine comporte souffrances et restrictions, car l'inflation crée une prospérité factice qui trompe une nation sur sa situation véritable : lorsqu'elle cesse, cette situation apparaît brutalement, et l'ère des sacrifices commence.

Ainsi qu'il a été sagement proposé, ces sacrifices doivent peser d'abord sur les bénéficiaires de l'inflation. De ceux-ci, doit supporter la plus large part, l'Etat moderne qui, par la modification unilatérale de son contrat monétaire, se trouve avoir amorti la majeure partie de sa dette intérieure. La simple équité commanderait du reste que l'auteur de l'inflation donnât l'exemple des restrictions, et qu'en face d'une dette impossible à rembourser au terme fixé, fût placé l'actif considérable que constituent les domaines et monopoles. Cet actif, sans être aliéné, doit servir à gager la dette envers l'Institut d'émission jusqu'à sa disparition.

La restauration monétaire exige ensuite une modification complète de l'attitude qui a conduit à l'inflation. Pour reprendre une expression de M. V. Auriol, « il faut renverser la vapeur ».

A l'insouciance qui caractérise les gouvernements s'abandonnant à l'inflation doit faire place une sévérité rigoureuse. Les dépenses doivent être limitées à l'indispensable et subordonnées à la création préalable de recettes certaines (1). De même doit-on prendre le contre-

---

(1) M. Edgar Allix a cité cet exemple de l'insouciance parlementaire, en matière budgétaire :

Un député formulait à la tribune cette théorie simpliste :

pied rigoureux de la plupart des corollaires habituels
des méthodes inflationnistes, tels que le cours forcé du
seul papier-monnaie et les restrictions apportées aux
mouvements des capitaux. L'institution d'une monnaie-
or de compte, et la liberté d'importation ou d'exportation des capitaux seront au contraire de précieux auxi-
liaires pour le rétablissement monétaire.

Un autre enseignement général se détache des différents exemples de stabilisation, c'est l'inutilité, pour
arriver au but, de pratiquer des médications isolées. La
médication monétaire ne vaudra rien si les circonstances
politiques et économiques génératrices d'inflation ne
sont pas modifiées, et réciproquement. Seule sera efficace une politique d'ensemble, et cette politique de restauration monétaire ne peut être que de déflation. Non
point qu'il faille accepter dans toute sa rigueur la théorie quantitative, mais parce que la politique d'amortissement des billets émis pour compte de l'Etat commande
une attitude générale qui seule paraît susceptible de con-
duire à la convertibilité-or.

Ainsi : prudence dans les conceptions, difficultés dans
la réalisation et partant énergie pour les surmonter,
telle pourrait être la conclusion de cet exposé. L'avenir

« Nous exposons les dépenses ; le gouvernement doit aviser
aux moyens d'y faire face et nous soumettre ces moyens
(mouvements divers). » — *M. le Ministre des finances :* « **La**
solution est fort élégante ! (on rit) ». J. O., Ch· des dép., 2ᵉ
séance du 9 nov. 1905. — Enregistrons à l'honneur du Parlement les « mouvements divers » qui ont accueilli cette étran-
ge conception du rôle des Assemblées en matière budgétaire.
— E. ALLIX, Traité élémentaire de Science des Finances et Législation Financière Française, 4ᵉ éd., *Introduction*, p. XII

reste ainsi sévère pour la nation qui veut se relever financièrement. Mais si la conclusion paraît pessimiste, il faut rappeler que le véritable pessimisme est dans le découragement. Trop de beaux exemples nous sollicitent qui peuvent être imités, pour n'être pas convaincu qu'en travaillant pour la restauration monétaire, on travaille pour la grandeur même de son pays, et le but est assez noble pour récompenser tous les efforts et tous les sacrifices.

BIBLIOGRAPHIE

ARNAUNÉ. — La Monnaie, le Crédit et le Change. 5ᵉ édit. *Paris*,
1913.

BAUMGARTNER (W.). — Le rentenmark. *Paris*, 1925.

BIGOT (R.). — Le Mexique moderne. *Paris. s. d.*

BONNET (G. E.). — La Politique monétaire anglaise d'après
guerre. *Paris*, 1923.

BRAUNTÉS. — L'inflation. 1924.

CONANT. — Monnaie et banque. *Paris. 1908, 2 volumes.*

DÉCAMPS. — Les changes étrangers. *Paris*, 1922.

DESPAUX (A.). — L'inflation dans l'histoire. *Paris*, 1922.

DOLEZAL (F.). — Le problème du change polonais. *Paris*, 1921.

GUYOT (Y.). — Les problèmes de la déflation.

KEYNES (J. M.). — La Réforme monétaire. *Trad. Paul Frank.*
Paris, 1924.

La politique financière et monétaire de la France. Rapports,
vœux et résolutions de la Semaine de la Monnaie. *Paris*,
1922.

LEROY-BEAULIEU. — Traité de la Science des Finances. *Paris*,
1877.

Les Crédits internationaux de la Société des Nations.

LESCURE (J.). — La Monnaie et les Contrats. *Congrès des No-
taires de France.* 1926.

LUPOLD (Dr). — Changes dépréciés et assainissement monétaire. (*Publication de l'Union des Banques Suisses*). *Zurich*, 1924.

MARTIN (P. G.). — La Stabilisation et le Retour à la Monnaie-
or. *Paris*, 1925.

Martinez et Lewandowski. — L'Argentine au 20e siècle. *Paris*, 1909.

Nogaro. — La Monnaie et les Phénomènes Monétaires Contemporains. *Paris*, 1924.

Raffalovitch (A.). — Le marché financier.

Rapport du Comité Dawes à la Commission des Réparations.

Rist. — La Déflation en pratique. *Paris*, 1924.

» — Situation financière de l'Allemagne et de l'Autriche.

Stephan (Ch.). — Le Mexique économique.

Subercaseaux. — Le papier monnaie. *Trad. française. Paris*, 1920.

PÉRIODIQUES GÉNÉRAUX

Publications officielles de la Société des Nations (Section économique et financière).

L'Economiste Français.

Moniteur des Intérêts matériels.

Revue Economique internationale.

Revue d'Economie politique.

Revue de Paris (spécialement, articles de M. Décamps).

Revue politique et parlementaire.

Revues et journaux divers.

TABLE DES MATIÈRES

TROISIÈME PARTIE

La stabilisation monétaire et la Convertibilité-or

IMPRIMERIE DE TRÉVOUX. G. PATISSIER. 1927.

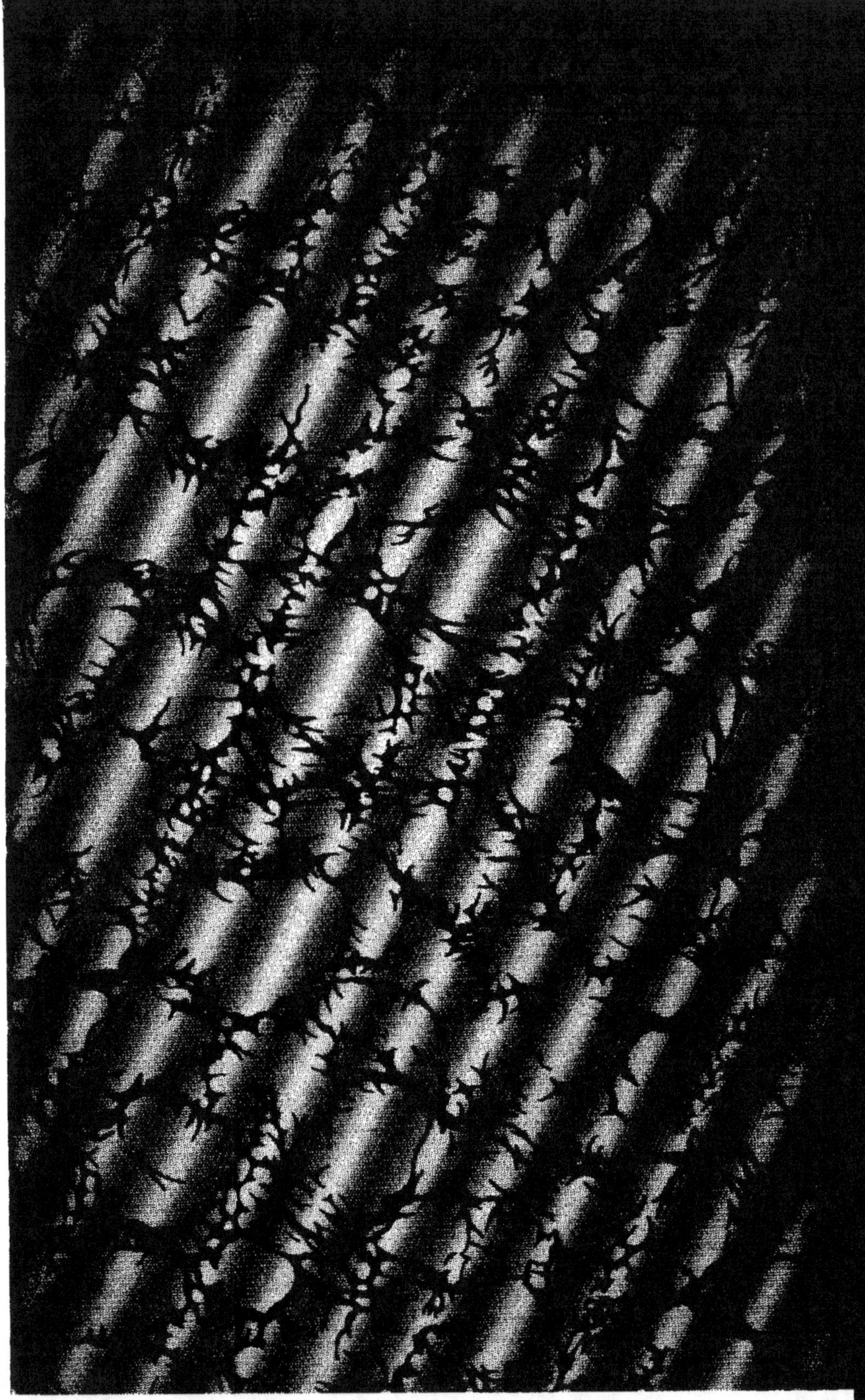

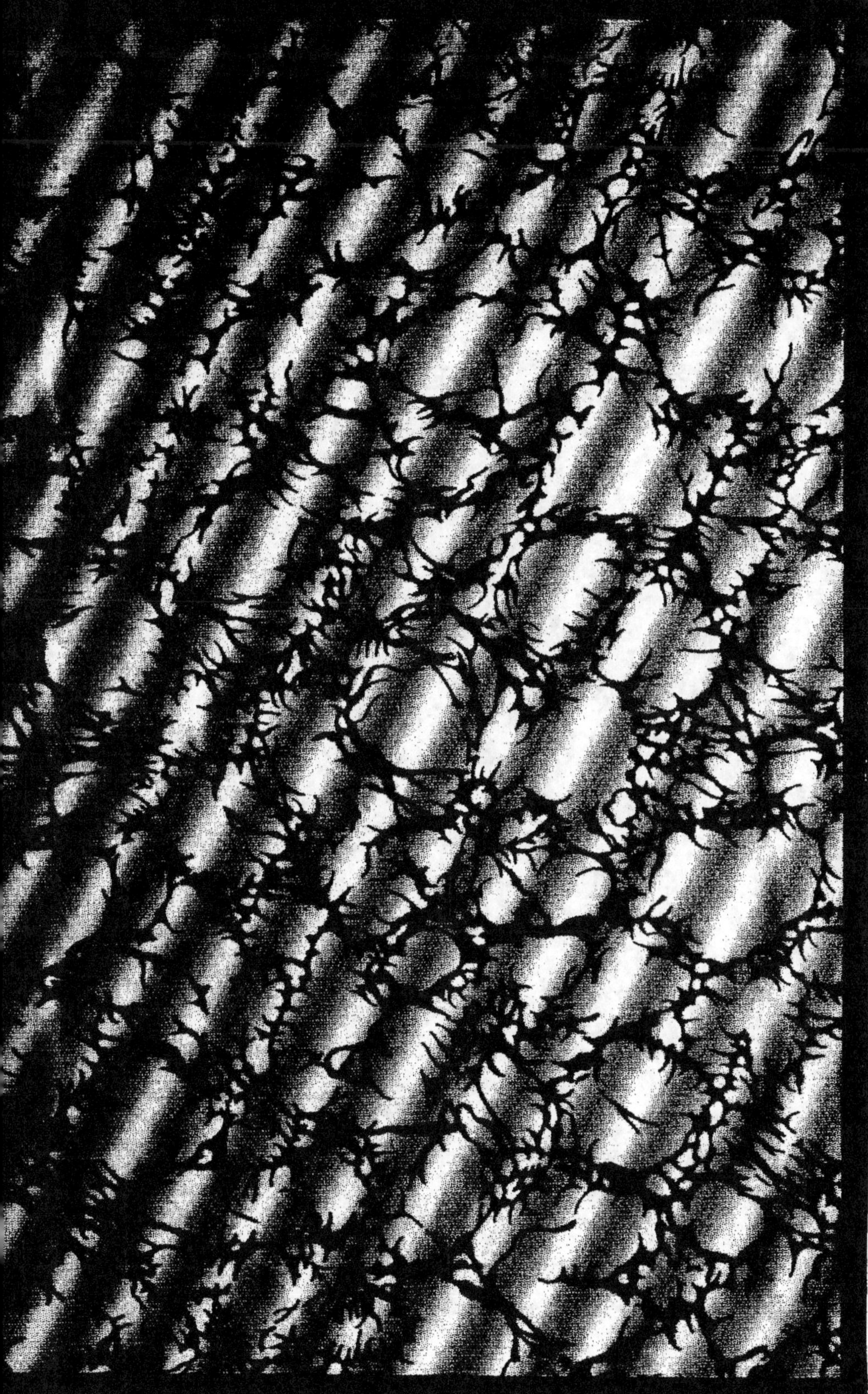

www.ingramcontent.com/pod-product-compliance
Lightning Source LLC
LaVergne TN
LVHW012246170726
843503LV00002B/449